RECHERCHE

PALIMPSEST

Volkstanz Volksmusik Folk

im Rheinland und in Westfalen

HERAUSGEBER PROF. J.U. LENSING

HERAUSGEGEBEN VON J.U. LENSING

PALIMPSEST

(von lateinisch palimpsestus. Altgriechisch palin = „wieder" und psestos = „abgeschabt"). Eine Manuskriptseite oder -rolle, die beschrieben war und von der durch Abschaben oder Waschen das Geschriebene wieder entfernt wurde, um sie erneut zu verwenden. In diesem Sinn war das Wort in der Antike gebräuchlich.

Heute wird das Wort Palimpsest im Sinn von Codex rescriptus (lateinisch für „wieder beschriebenes Blatt") auch für das Exemplar mit dem neuen Text verwendet. Im übertragenen Sinn werden vereinzelt auch Oberflächenstrukturen als Palimpsest bezeichnet, die durch jüngere Einflüsse überprägt und fast unsichtbar wurden.

Quelle: *Wikipedia*

Diese Publikation ist die Summe der Recherche-Ergebnisse aus einer vertiefenden Beschäftigung im Frühjahr 2023 zu Fragen des Volkstanzes/der Volksmusik, aber auch des Folks, der Folklore, des BalFolk mit Fokus auf die Region Rheinland und Westfalen.

Die Recherchephase zum Projekt „Palimpsest" im Frühjahr 2023 wurde vom *Fonds Darstellende Künste* aus Mitteln der Beauftragten der Bundesregierung für Kultur und Medien im Rahmen von *NEUSTART KULTUR* gefördert.

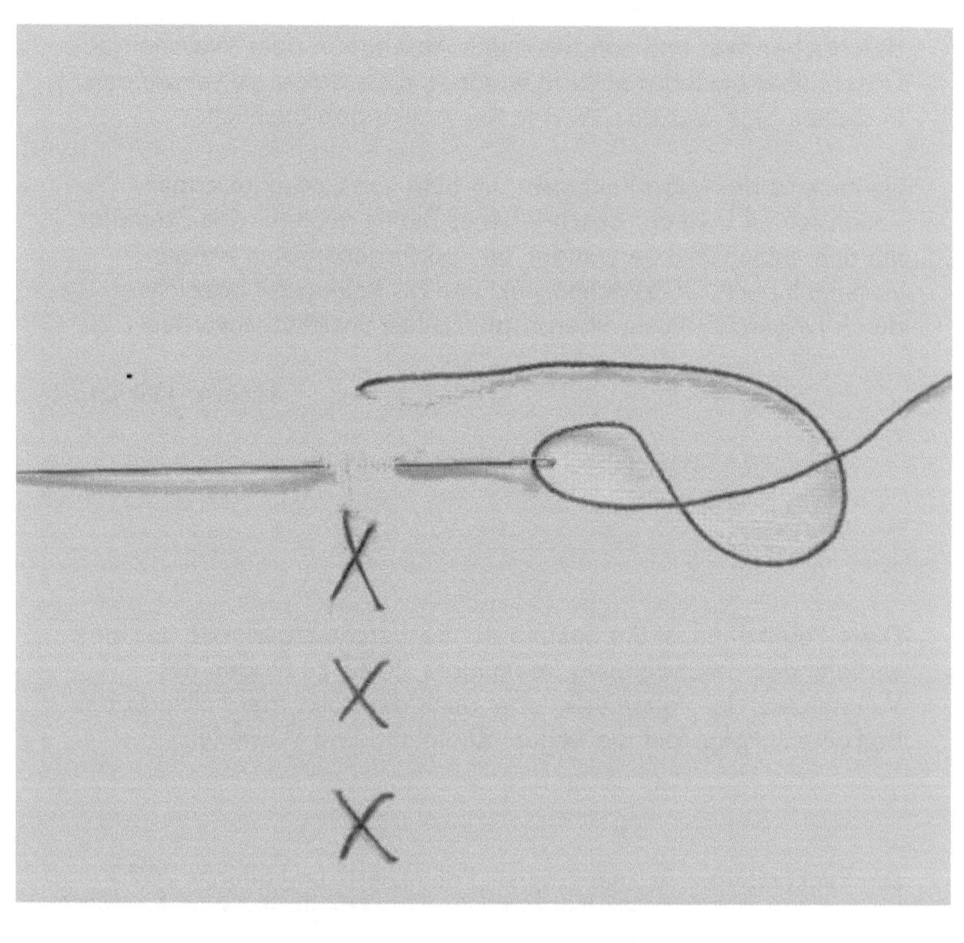

Hrsg: J.U. Lensing

PALIMPSEST

Volkstanz
Volksmusik
Folk

im Rheinland und
in Westfalen

tredition

Verlagslabel: Klangtheater, www.theaterderklaenge.de

Druck und Distribution im Auftrag der Autoren:
tredition GmbH, Heinz-Beusen-Stieg 5, 22926 Ahrensburg, Deutschland

Die Publikation und Verbreitung erfolgen im Auftrag der Autoren, zu erreichen unter:

THEATER DER KLÄNGE e.V.
Winkelsfelder Str. 21
D-40477 Düsseldorf

E-Book: ISBN 978-3-384-19160-1
Buch: ISBN 978-3-384-19159-5

INHALT

Palimpsest

Inhalt

Vorwort

Fragestellungen zu Beginn der Recherchephase   1

Vorgehen   4

Volk/Folk/Folkwang   8

Wie sich Volkstanz entwickelt hat   18

Die Kunst des Körpererlebens: 42

Heftige Haltungsarbeit   48

Statements & Interviews   54

Tagebuch   60

Rheinisch-Westfälische Tänze   64

Die Autoren   70

Fotonachweis   74

Rezensionen   80

Palimpsest-Video   86

VORWORT

Der Fakt, dass sich in jüngster Zeit namhafte internationale Choreographen der zeitgenössischen Tanzwelt mit dem auch für sie oft fremden Material traditioneller Volkstänze beschäftigen[1] und daraus eine gelungene und in Kritiken weitestgehend sehr positiv besprochene Nutzung für ein zeitgenössisches Tanzerlebnis schaffen konnten, ermutigte uns zu der Fragestellung, ob solch ein Material auch für uns interessant für eine künstlerische Beschäftigung sein kann. Da wir uns die Aufträge für unsere Produktionen selber geben, wagten wir die Beschäftigung mit einem Tanz- und Musikerbe, welches in der Öffentlichkeit weitestgehend unbekannt geworden ist: Volkstänze und Volksmusik aus den Regionen Rheinland und Westfalen.

Interessanterweise gibt es in NRW doch einige Menschen und Vereine, die dieses Erbe - unter anderem - pflegen und in der Lage sind, es zu vermitteln. Zu bestimmten Tänzen, die aus verschiedensten Quellen überliefert sind, kommen dazu genutzte Melodien und Rhythmen.
Eine Neu-Choreografie und eine Neu-Komposition von Musik, welche diese Materialien nutzen, können sich nicht auf eine möglichst authentische Wiedergabe der angeblich verbürgten Traditionen berufen. Sie sollten das Material aber auch nicht zur Unkenntlichkeit deformieren. Dazu kommt, dass gerade Volkstanz und Volksmusik in Deutschland - nach wie vor - ein heikles Thema sind, welches dazu führt, dass zeitgenössische darstellende Künstler dieses Thema weitestgehend meiden.

Dieses E-Book dient als Vertiefung zu unserer 2023/24er-Produktion „West-Land-Tänze" und reißt die damit verbundenen Fragen an.

J.U. Lensing

---

[1] z.B.: *Russel Maliphant, Hofer Shechter, La Horde*

FRAGESTELLUNGEN ZU BEGINN DER RECHERCHEPHASE

Das Düsseldorfer THEATER DER KLÄNGE hat sich in mehreren Stücken vor allem mit Neuinterpretationen von Bauhaus-Tanzwerken aus den 1920er Jahren beschäftigt. Mit den Stücken *Die barocke Maskenbühne* (1989), *LUDUS DANIELIS* (1994) und auch *Die Vögel* (1996) kamen inhaltlich/formale Beschäftigungen mit den historischen Theaterformen Barocktheater, Mysterienspiel und antike Komödie (mit Tanzchor) hinzu.

Was uns kaum – aber auch lange wirklich kaum jemanden in der zeitgenössischen Tanz- und Musikszene – interessierte, sind Volkstänze und Volksmusik (Folklore). In der DDR gab es Volkstanz-Ensembles auf professionellem Niveau, in der Sowjetunion begann die Tanzausbildung mit Folklore, was bestimmte tänzerische Qualitäten womöglich erst hervorbringt.

In Deutschland ist es fast verpönt sich mit Volkstänzen und Volksmusik zu beschäftigen, haben Nationalsozialisten und später auch die DDR dieses Erbe für sich vereinnahmt und missbraucht und hat die gesellschaftliche Entwicklung der BRD nach dem Zweiten Weltkrieg dieses Erbe konsequent vor allem mit anglo-amerikanischen Folk- und Pop-Formen, in Süddeutschland aber interessanterweise auch mit französischem Chanson und Bal Musette überschrieben.

Nichtsdestotrotz gibt es gerade im süd- und mitteldeutschen Raum bis nach Rheinland-Pfalz nach wie vor tradierte Volksmusikformen und Tanzensembles, die sich diesem Erbe – meistens aus Leidenschaft – widmen. Mit dem zeitgenössischen Tanz oder der neuen Musik haben diese Tanz- und Musikensembles in der Regel kaum Berührung.

Recherche

Es ist kaum vorstellbar, dass es nur südlich des Mains alte populäre Tanz- und Musik im deutschen Sprachraum gegeben haben soll. Ebenso stellt die nach 1800 initiierte und heute tradierte Karnevalsmusik oder die Volksmusik a la *Musikantenstadl* bei Weitem nicht das dar, was vergleichsweise Regionen wie die Bretagne, die Provence, das Baskenland oder weiter südlich Sardinien, Sizilien oder auch Bulgarien, Rumänien, Ungarn oder Griechenland an tradierten Volkstänzen und Musik zu bieten haben.

Im Gegenteil: wir waren zu Beginn der Recherchephase davon überzeugt, dass es im Rheinland und in Westfalen, aber auch grenzüberschreitend nach Holland, nach Belgien bis hin zur französischen Grenzregion Nahe Trier Musik und Tanz in den Dörfern und zu Stadtfesten auch und gerade vor dem 19. Jahrhundert, also lange vor der Reichsgründung Deutschlands, gegeben haben muss.

- Es galt, schriftliche oder grafische Aufzeichnungen dazu wiederzuentdecken.

- Es galt, ggf. Notationen oder verbale Beschreibungen der Musikstücke zu finden.

- Es galt, ggf. Personen aufzuspüren, die sich mit diesen Fragestellungen schon beschäftigt haben und die Funde in die Praxis umgesetzt haben (Laien-Tanzgruppen, Volksmusik-Ensembles, Musiker).

Das Ziel der Recherche war:

so viel Material oder überlieferte Umsetzungen gesammelt zu bekommen, dass

a) ein Kompendium (E-Book) als Sammelband entstehen kann

b) das Material mit Tänzern und Musikern so weit rekonstruierbar ist, dass es wieder getanzt und musiziert (gesungen) werden kann

c) das Material neu schriftlich, als Videoaufzeichnung und als Audioaufnahme gesichert und online zugänglich gemacht wird

d) diese Materialien exemplarisch als Ausgangsmaterial, später für eine Bühnenkreation mit dem Titel *Palimpsest* (heute „West-Land-Tänze") zu nutzen

e) die Materialien insgesamt Archiven, wie dem Tanzarchiv Köln, dem Theatermuseum Düsseldorf, aber auch Hochschulen mit Musikwissenschaftlichen- oder Tanzwissenschaftlichen Bibliotheken und Studiengängen für die weitere wissenschaftliche Verwertung anzubieten

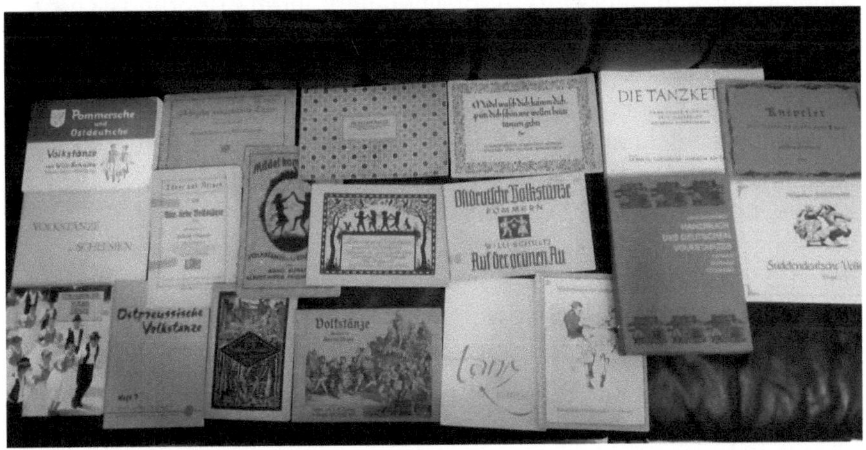

VORGEHEN

PROLOG

Noch aus unserem vom Kulturamt der Stadt Düsseldorf 2022 unterstützten Vorjahresprogramm „Die Kunst der Zeitgenossen verstehen", konnten wir im Februar 2023 einen ersten Sprint-Workshop zum Thema *Kulturelles Erbe* in unserem Probenstudio durchführen. Dieser Workshop wurde vorbereitet durch Besuche bei regionalen Tanzvereinen, die sich dem Volkstanz und der (internationalen) Folklore praktizierend widmen. Auch wenn die Teilnehmer in diesen Vereinen vorwiegend Amateure sind, sind die dort agierenden Tanzlehrerinnen und Lehrer durchaus profunde im Thema und wissen von Tanz- und Musik-Quellen, Variationen, Zuordnungen und meistens auch von geschichtlicher Herkunft und Entwicklung zu berichten, was sie auch in ihren Tanzabenden vermitteln.

Demzufolge luden wir das Ehepaar Brendel ein, welches sich seit Jahrzehnten vorrangig in Düsseldorf, Mönchengladbach und Wuppertal dem Volkstanz praktisch in wöchentlichen Tanzabenden widmet, uns und den Workshopteilnehmern ihren Erfahrungsschatz im Sprint-Workshop Ende Februar 2023 zu vermitteln. Der Sprint wurde am ersten Tag (mit dem Ehepaar Brendel als Tanzlehrer) und am letzten Tag im Probenstudio des THEATERs DER KLÄNGE als Video aufgezeichnet. Diese Aufnahmen plus mehrerer geführter Interviews mit den künstlerischen Leitern des THEATERs DER KLÄNGE Jacqueline Fischer und J.U. Lensing, sowie einiger Workshopteilnehmer bildeten das Material, aus dem unterstützt durch das EU-Projekt „Viral Visions" anschließend der Kurzdokumentarfilm „Palimpsest" montiert werden konnte. Der Film wurde im Herbst 2023 fertiggestellt und ist seitdem über die Web-Seite von Viral-Visions verfügbar:

https://viral-visions.eu/video-podcasts/

RECHERCHE

Dank der Unterstützung des Fonds Darstellende Künste konnte im März 2023 die vertiefend recherchierende Beschäftigung mit Volkstanz und Volksmusik aus dem Rheinland&Westfalen beginnen.

Die Internetrecherche ergab u.a. den Kontakt zu Franz-Josef Krafeld, der nach Kontaktaufnahme bereit war, seinen vor Jahren geschriebenen Artikel „Wir tanzen nicht nach Eurer Pfeife" zu aktualisieren, zu erweitern und für diese Publikation zur Verfügung zu stellen.

Wir besuchten weitere Tanzvereine und entdeckten dabei, dass es auch in Gütersloh, Kleve, Köln und Düsseldorf aktive Tanzgruppen gab, die rheinisch-westfälische Tänze und Tanzmusik kannten, praktizierten und weitergeben konnten.

Buch- und Musikempfehlungen des Ehepaars Brendel wurden – soweit noch bestellbar – beschafft und ausgewertet. Weitere Buchempfehlungen kamen später über das Tanzarchiv Köln, welches seinen bisher nicht katalogisierten Nachlass zu Volkstanz und Folklore zur Sichtung zur Verfügung stellte. Weitere Empfehlungen kamen von weiteren Tanzlehrerinnen, die wir im Laufe der Monate März bis Mai kennenlernten.

Für einen dreiwöchigen Workshop im Juni 2023 engagierten wir sowohl die Tanzlehrerin Bernadette Grüne-Glattki, als auch die Volkstanzgruppe *djo-NRW* (Kreisverband Düsseldorf) aus Düsseldorf-Rath als jeweils halbtägige Tanzkursgeber. Während sich die Rather Gruppe als traditioneller Tanzverein versteht, der vor allem historische Überlieferungen möglichst authentisch pflegt, ist Bernadette Grüne-Glattki eine leidenschaftliche Tänzerin, die sowohl im Volkstanz traditioneller Ausrichtung, als auch im BalFolk unterwegs ist. Von der Rather Tanzgruppe um Petra Halbekann bekamen wir Musiktipps und „exotische" Tänze wie die *Neue Spindel*, die *Maike*, als auch die *Sauerländer Nr. 4 +5* und den *Kleinen Düsseldorfer* vermittelt. Der zeitweise bei den Tanzabenden in Rath und im Juni-Workshop an einem Tag mitwirkende Akkordeonist Julian de Vries konnte uns sowohl Aufnahmen der entsprechenden Musiken einspielen, als auch die Noten dafür zur Verfügung stellen.

Die Empfehlungen des Ehepaars Brendel, aber auch von Bernadette Grüne-Glattki folgend, konnte weitere Literatur beschafft werden. Diese Buchempfehlungen, die zum Teil über den Deutschen Tanz-Verband, aber auch über Antiquariate erhältlich sind, sowie der umfangreiche Bestand im Kölner Tanzarchiv zeigte, wie groß und komplex das Thema ist und wie umfangreich lesbare und interpretierbare Quellen vorhanden sind.

Eine überraschende Entdeckung im Tanzarchiv Köln war die Entdeckung von Texten des Folkwänglers Albrecht Knust zur Volkstanz-Forscherin und Tanzlehrerin Anna Helms-Blasche (siehe dazu meinen folgenden Artikel in diesem Heft). Eine weitere Entdeckung war die *Dahlhoff-Sammlung* für Volksmusik, welche in diversen Adaptionen erst seit jüngerer Zeit verfügbar ist.

Die Recherchephase und der Juni-Workshop wurde Ende Juni mit einer öffentlichen Veranstaltung auf der Open-Air-Bühne im Düsseldorfer Hofgarten abgeschlossen. Im Rahmen dieser Kurzpräsentation zeigten wir drei Tänze, welche jeweils von historischem Tanz- und Musikmaterial ausgingen, dieses aber jeweils in zeitgenössische Tanzformen und in eine Art „Electro-Folk-Music" (Elektronik-Percussion + Flöte) weiter führte. Im Anschluss an die knapp halbstündige Bühnenpräsentation erprobten wir einen „Bal modern", der sich an Formen des „BalFolk" orientierte. Diese Formen wurden aber dahingehend modifiziert, dass die Electro-Folk-Music auch für das Einstudieren zweier Tänze mit dem Publikum praktiziert wurde und traditionellen Tänze vor allem in Variationen und Anreicherungen durch Armbewegungen, die nicht aus dem traditionellen Gebrauch stammten, in Kurzchoreografien umgearbeitet wurden. Diese modifizierten Tänze sollten zum einen leicht durch ein non-professionelles Publikum erlernbar sein und zum

anderen zum gemeinsamen Tanzen mit wechselnden Partnern
führen, ohne die Anmutung „alter" Tanzpraktiken zu haben.
Diese Form war und ist Ausgangsbasis für unser abendfüllendes
Programm unter dem Titel „West-Land-Tänze", welches wir in zwei
Teilen (Bühnenpräsentation + anschließender *Bal modern*) im Januar
2024 im *FFT Düsseldorf* uraufführen werden.

Folgende während der Recherche entdeckte Musikstücke und
dazugehörige Tänze/Tanzschritte werden im Stück „West-Land-
Tänze" genutzt:

Akt 1:
Sauerländer Nr. 4 und *5*

Akt 2:
Die blaue Flagge
Schottisch (mit der Musik *Wilder Wein*)

Akt 3:
Rode See (Dahlhoff-Sammlung)

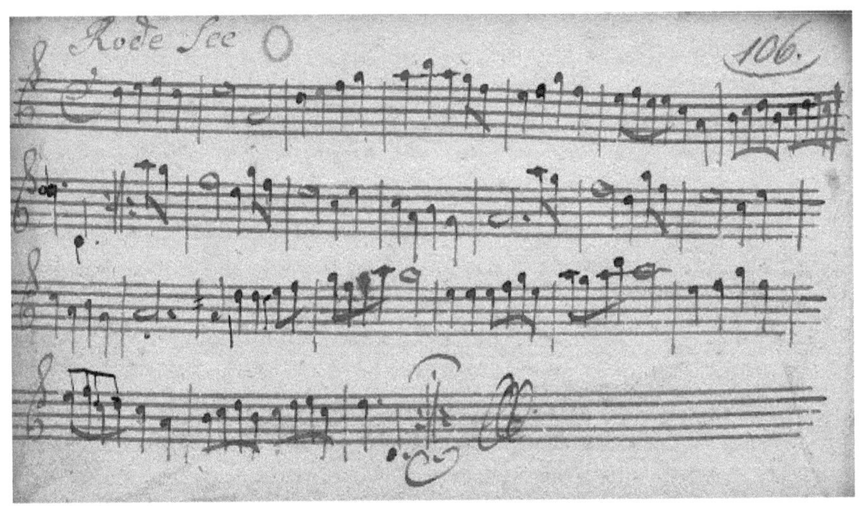

VOLK/FOLK/FOLKWANG

SUBJEKTIVER BERICHT ÜBER EINE HALBJÄHRIGE RECHERCHE ZU VOLKSTANZ- UND MUSIK IM RHEINLAND UND IN WESTFALEN

Einleitung:

Dieser Text befasst sich mit Recherche-Funden im Bereich der Folklore-Tänze und Musik, mit Fokus auf Westdeutschland. Dabei werden sowohl traditionelle Elemente als auch moderne Einflüsse thematisiert, um einen ersten einführenden Einblick in dieses Material zu vermitteln. Eine halbjährige Rercherchearbeit, dazu nicht in Vollzeit, kann nur rudimentäre Erkenntnisse bringen. Nichtsdestotrotz erbrachte diese Recherche aber zum Einen genügend Material, mit dem eine zeitgenössische Tanzproduktion erstellt werden konnte, zum Anderen interessante Themen, die jeweils vertiefende Forschungsarbeiten lohnen würden. Dieser Text soll durchaus als Anregung zu einer vertiefenden Beschäftigung mit den angesprochenen Themen sein.

Vorausschicken möchte ich, dass ich als gebürtiger Düsseldorfer, der in dieser Stadt aufgewachsen ist, zeitlebens hier gelebt hat und in Düsseldorf Schulen besuchte, bis 2023 so gut wie nie mit Volkstanz- und Musik aus dieser Region in Berührung kam. In meiner Grundschulzeit wurden noch Lieder aus der „Mundorgel" gesungen, angeleitet und begleitet von einem Lehrer, der Gitarre spielte. Die Großmutter sang ab und an Einschlaf- oder Wanderlieder. Mit Tanz, aber eben nicht Volkstanz kam man in den 1970er Jahren erst als Teenager in Form eines damals fast obligatorischen Besuchs eines Einführungskurses in einer Tanzschule in Berührung. Dort lernte man Walzer-Schritte, *Cha-Cha-Cha*, *Rumba* oder *Discofox*, aber keinen

regionalen Volkstanz. Begriffe wie *Mazurka* oder *Polka* lernte ich
später im Musikstudium kennen, dort aber eher als
Stückbezeichnungen klassischer oder romantischer Komponisten.
Das sogenannte „Brauchtum" im Rheinland reduziert sich spätestens
seit Gründung der BRD weitestgehend auf Schützenfeste und
Karneval. Schützenfest-Veranstaltungen in den Zelten oder
„Sitzungen" im rheinischen Karneval sind aber m.A. in Punkto Tanz
eher Discoveranstaltungen. Und was die sogenannten „Tanzgarden"
auf den Bühnen zum Besten geben, hat mit Volkstanz oder Folklore
nichts zu tun.

Als Kompositionsstudent an der *Folkwang-Hochschule* in den
1980er Jahren wunderte man sich über das Interesse von Béla
Bartók, Zoltán Kodály oder Igor Strawinsky an ungarischer oder
russischer Folklore und wertete dies als Interesse und Suche nach vor
allem rhythmisch ergiebigem Ausgangsmaterial für spätere
Orchester- oder Ballettkompositionen. Ob und wie sich deutsche
Komponisten und da besonders die führenden Komponisten des 20.
Jahrhunderts mit Volksmusik beschäftigten, wurde in den Seminaren
und Vorlesungen nie thematisiert. Etwas anders war es in der
Tanzabteilung der *Folkwang-Hochschule*. Die Professorin Gisela
Reber lehrte seinerzeit dort National- und Charaktertanz, Folklore,
Klassik und Kinetographie, unterstützt von Christine Eckerle als
Dozentin für Kinetographie. Die Studierenden-Generationen bis Ende
der 1980er Jahre kamen somit auch mit deutschem Volkstanz in
Berührung und dies interessanterweise in Verbindung mit
Kinetographie, Charaktertanz und klassischem Ballett sowie
zeitgenössischem Tanz.

Volk:

Bevor ich mich aber mit der Gegenwart beschäftige, möchte ich
einen kurzen Blick auf den historischen Hintergrund der Folklore-
Tänze in Westdeutschland werfen und auf den Begriff Volk, der der
Volksmusik und dem Volkstanz ja innewohnt. Laut „Wikipedia"
*werden mit dem Wort Volk allgemein (große) Gruppen von
Menschen bezeichnet, die durch kulturelle Gemeinsamkeiten,*

*reale oder fiktive gemeinsame Abstammung oder einen politisch und
rechtlich organisierten Personenverband zu einer unterscheidbaren
Einheit zusammengefasst sind. Eine verbindliche Definition gibt es
nicht.[2]*

Das Land Nordrhein-Westfalen wurde nach dem Zweiten Weltkrieg
aufgrund einer politischen Entscheidung als Bundesland der
Bundesrepublik Deutschland gegründet und vereinigte die
vormaligen Provinzen Rheinland, Westfalen und Lippe zu einem
Bundesstaat. Inwieweit die Kultur des Rheinlands mit der Westfalens
oder der Region Lippe Gemeinsamkeiten aufweist, soll nicht
Gegenstand dieses Artikels sein. Es ist aber stark anzunehmen, dass
das Rheinland lange Zeit eher von Frankreich, Flandern, den
Niederlanden, den Benelux-Ländern bis hin zur Pfalz beeinflusst war.
Ebenso unterlag Westfalen lange preußischen Einflüssen und war in
regem Austausch in der Nachbarschaft von Norddeutschland (heute
Niedersachsen), Hessen und sogar von Thüringen beeinflusst.
Inwiefern die Region Ruhr (heute Ruhrgebiet) die Brücke zwischen
dem Rheinland und Westfalen war, lässt sich nur vermuten.
Mit diesen Nachbarschaften und dem ständigen Austausch, verstärkt
vor allem durch den Transit von West nach Ost (Berlin) und vice
versa wird auch die Volkskultur schon immer eine Mischkultur
gewesen sein, die sowohl Einflüsse der Nachbarn, als auch durch
Spielmannsgruppen und „fahrendes Volk" Zugereistes aus anderen
Ländern aufnahm. Anders lässt sich kaum erklären, warum die
Volkstanzform „Rheinländer" im gesamten deutschsprachigen Raum
eben so bekannt ist, wie allerorten die *Polka*, der *Walzer* oder
die *Mazurka*. Es mag regionale Ausprägungen gegeben haben, die
von Dorfgemeinschaften vor Ort ausgearbeitet wurden und eine Zeit
lang auch vorwiegend dort im Rahmen von Festen musiziert und
getanzt wurden. Dazu zählen sicherlich Tänze wie die „Eifeler 1-5",
der Sauerländer 1-5" oder auch solche Entdeckungen, wie der
„Kleine Düsseldorfer" oder die „Neue Spindel". Diese, aber auch
durchaus Tänze und Melodien, die aus anderen Regionen nach
Westdeutschland kamen, waren Bewegungs- und Musikmaterial,

---

2 2 Quelle: *Wikipedia* zum Suchbegriff „Volk"

welchen zu besonderen Anlässen wie Festen, Feiern oder Hochzeiten praktiziert wurden. Sie waren somit lokalen Bräuchen und Traditionen verbunden und wurden durch Praktizieren weitergegeben.

Folklore:

Durch die Moderne und die Globalisierung haben überlieferte regionale Folklore-Tänze in Westdeutschland heute anscheinend kaum noch eine Bedeutung. Sie werden aktuell in verschiedenen Kommunen fast nur noch von Tanzgruppen und Vereinen praktiziert. Diese Tanzvereine zeichnen sich vor allem dadurch aus, dass sie spezifische Schrittfolgen, Kostüme und Musikinstrumente so „originalgetreu" wie möglich aus Quellen rekonstruieren, einüben und regelmäßig praktizieren. Öffentlich sichtbar ist diese Praxis im Rahmen von Folklore-Festivals oder Stadtfesten als Schautanz und dienen als vermeintliche Erinnerung an die lokale Kultur der Vergangenheit. Man kann davon ausgehen, dass Volkstänze und -musik schon zu Beginn des 20. Jahrhunderts, spätestens aber seit den 1920er Jahren allenfalls nur noch in Dörfern und Kleinstädten rudimentär gepflegt wurden. In den Großstädten hielten bei Tanzveranstaltungen internationale Modetänze wie *Charleston, Lindy Hop, Tango* u.e.m. Einzug. Nach dem zweiten Weltkrieg wurde diese Entwicklung in Richtung *Rock n´Roll, Beat,* (Klammer-)*Blues, Disco, Salsa, Merengue, Tango argentino* usw. fortgesetzt.

Diese Entwicklung der Moderne hat auch die Volkstanzszene in Westdeutschland beeinflusst. Heutzutage werden traditionelle Tänze oft mit zeitgenössischen Elementen kombiniert, um neue Ausdrucksformen zu schaffen. Tanzgruppen experimentieren mit verschiedenen Musikgenres, choreografischen Stilen und Kostümgestaltungen. Dadurch entsteht eine international beeinflusste Mischung aus Tradition und Innovation, nicht zuletzt auch aus dem Grund, dass Tanzen spätestens ab den 1970er Jahren als Tanzsport proklamiert wurde und „traditionelle Tänze" einerseits als Mittel der Völkerverständigung instrumentalisiert wurden und andererseits als Marketingevent für das Lokalkolorit bestimmter Regionen im Rahmen von Stadtfesten usw. entdeckt wurden. Übernommene Tanzformen in diesen Vereinen, wie *Line Dance*, *Square Dance* und *Country-Dances* aus den USA und dem UK, haben in den letzten Jahren in der Volkstanzszene ebenso an Beliebtheit gewonnen, wie Balkan- oder israelische Tänze. Diese Tänze haben sich in Westdeutschland etabliert und bieten eine Erweiterung zu den traditionellen deutschen Volkstänzen. Tanzveranstaltungen und Festivals bieten Tänzern, Musikern und Interessierten die Möglichkeit, sich zu treffen, ihre Fähigkeiten zu präsentieren und sich kulturell auszutauschen. Das "Tanzfest der Kulturen" in Köln, das "Folklorefestival Europeade" und das "Internationale Tanzfest" in Bremen sind nur einige Beispiele für solche Veranstaltungen

Quasi als Gegenbewegung zu dieser Entwicklung der Volkstanz- und Musikszene ist die Folklore-Bewegung der späten 1960er/ frühen 1970er Jahre zu verstehen, aus der sich später der *BalFolk* und das Interesse an Musik, gespielt mit alten Musikinstrumenten entwickelte. Diese Szene versteht sich eher international und ist mehr von Frankreich und Belgien beeinflusst, denn von der Suche nach einer regionalen spezifisch rheinisch-westfälischen Kultur. Die Szene trifft sich in *Bal Folk*-Veranstaltungen, *Bordunalen* oder bei den *Boombal*-Veranstaltungen in Gent[3]. Sie bringen Menschen aus verschiedenen Regionen und Ländern tanzend und musizierend zusammen.

In der DDR gab es ein Staatsensemble für Volkstanz. Dazu wurden dort Volkstänze und Volksmusik in Schulen gelehrt und größere Festivals und Kongresse ausgerichtet. Schon in den 1950er Jahren gab es daher in der jungen BRD immer wieder Rechtfertigungsprobleme, sich überhaupt mit diesem Thema zu beschäftigen, da man bis hin zu vor Gericht ausgefochtenen Prozessen westdeutschen Volkstanz-Aktivisten Konspiration mit der Sowjetzone, später der DDR vorwarf. Im Zuge der Olympiade 1972 in München vereinnahmte man das Thema dann in der BRD erstmalig staatstragend gewollt im großen Stil zum Ziele der Völkerverständigung und der Demonstration von Weltoffenheit und

---

3 lesenswert ist dazu vor allem der Artikel von Franz-Josef Krafeld

brachte damit die internationalen Volkstänze vor allem aus dem Balkan, Israel, den USA, Frankreich und dem UK nach Deutschland und förderte mit finanziellen Anreizen die Aufnahme dieser Tänze und Musiken in die deutschen Tanzvereine. Ob und inwiefern die Folklore-Welle der 1970er Jahre dadurch mit initiiert war oder vielleicht sogar eine Gegenreaktion war, wäre ein interessantes Thema für eine wissenschaftliche Untersuchung. Die Volkstanz-Aktivisten in der BRD der 1950er Jahre, bis eben in die 1970er Jahre, beklagen aber in ihren Texten immer wieder, dass regionale Volkstänze und Musik weder in den Schulen noch in den Hochschulen eine größere Rolle spielten.

Folkwang:

Die *Folkwang-Hochschule* bildet in Westdeutschland in den 1950er bis hinein in die 1980er Jahre eine Ausnahme für die BRD. Und zwar vor allem durch die Person von Albrecht Knust.

Albrecht Knust wurde 1896 in Hamburg geboren und gilt als einer der bedeutendsten Schüler von Rudolf von Laban und als einer der Vollender der von Laban entwickelten Tanzschrift (Kinetographie). Der Tänzer, Ballettmeister und Choreograf Rudolf von Laban (1879 – 1958) war eine Zentralfigur des europäischen modernen Tanzes. Er studierte intensiv die menschliche Bewegung und entwickelte eine Notation, mit der man nicht nur Tänze, sondern jegliche Art von körperlicher Bewegung aufzeichnen konnte. 1919/20 gründete Laban in Stuttgart die „Tanzbühne Laban", zu deren Schülern auch Albrecht Knust gehörte. Kurz darauf übernahm Knust in Hamburg die Leitung des ersten Laien-Bewegungschores, der 1923 von Laban gegründet worden war. Rudolf von Laban legte die Grundzüge seiner Tanzschrift im Jahre 1928 vor. In der Folge wurde sie von seinen Schülern weiterentwickelt und fand internationale Verbreitung. Albrecht Knust beschäftigte sich ab 1935 an der Berliner Tanzschreibstube mit der Kinetographie. Rudolf von Laban floh 1937 nach Paris, nachdem sein Werk als „staatsfeindlich" erklärt worden war. Die künstlerische und wissenschaftliche Beschäftigung mit seinem Werk wurde in Deutschland verboten. Trotzdem arbeitete

*Knust im Geheimen weiter an einer Differenzierung der Tanzschrift.
Im Jahre 1939 wurde er von dem Tänzer-Ehepaar Mlakar an die
Münchener Staatsoper geholt, wo er als Kinetograf tätig war. Von
1945 bis 1949 fasste Knust seine Forschungsergebnisse in dem
„Handbuch der Kinetographie Laban" zusammen.*[4]

1951 wurde Knust von dem bedeutenden Choreograf und Laban-
Anhänger Kurt Jooss als Lehrer an die Folkwangschule nach Essen-
Werden geholt. Auch Kurt Jooss floh schon 1933 mit seinem
Ensemble nach Großbritannien und kehrte erst nach dem Krieg nach
Deutschland zurück. Knust bot ab 1951 das später von Gisela Reber
angebotene Spektrum von National- und Charaktertanz, Folklore,
Klassik und Kinetographie an. 1957 war Knust Hauptreferent bei
dem von Wilhelm Fraenger organisierten Volkstanz- und
Tanzschriftkongress in Dresden, bei dem sich die Teilnehmer
einstimmig für eine Einführung der von Laban entwickelten
Kinetographie für die Notierung und wissenschaftliche Auswertung
von Volkstänzen aussprachen. 1959 wurde in England der
„International Council of Kinetography Laban" (ICKL) ins Leben
gerufen, der die weltweite Verbreitung der Schrift und die
Präzisierung ihrer Regeln betreibt. Albrecht Knust, eines der
Gründungsmitglieder, war ab 1961 Vorsitzender und ab 1969 bis
zu seinem Tod 1978 Präsident des *ICKL.* Heute wird die
Kinetographie / Labanotation hauptsächlich zur Niederschrift von
Bühnentanz eingesetzt, findet aber auch Verwendung im Sport, in
der Therapie und für die Aufzeichnung von Tierbewegungen.
Sowohl im Nachlass von Albrecht Knust[5], als auch dem von Gisela
Reber und Christine Eckerle[6] sollten Kinetographien zu Volkstänzen
zu entdecken sein.

---

[4] Quelle: Wikipedia (F)

[5] Centre National de la Danse (Paris)

[6] Folkwang Universität der Künste (Essen)

Warum ist Albrecht Knust in diesem Zusammenhang so von Bedeutung?

Im Nachlass des Tanzaktivisten und Wissenschaftlers Kurt Peters, der im *Tanzarchiv Köln* lagert, sind mir zwei Schriftstücke aufgefallen. Zum einen eins über den Volkstanz- und Tanzschriftkongress 1957 in Dresden:

Wilhelm Fraenger wurde nach dem Tod von Adolf Spamer Vorstandsmitglied im gesamtdeutschen „Verband der Vereine für deutsche Volkskunde" mit Sitz in Stuttgart, dem seit 1952 auch das Institut für deutsche Volkskunde an der Deutschen Akademie der Wissenschaften zu Berlin angehörte. Die anfangs gute Zusammenarbeit zwischen West und Ost in der Volkskunde wich vor dem Hintergrund des Kalten Krieges bald einer Situation zunehmender Konfrontation und Konkurrenz, in die auch Wilhelm Fraenger als Vorstandsmitglied im gesamtdeutschen Verband und als stellvertretender Direktor des Ostberliner Instituts involviert wurde. 1955 wurde Fraenger mit der Organisation des 11. Deutschen Volkskundetags betraut, für den als Tagungsort Dresden gewählt worden war. Aufgrund politischer Spannungen, die sich durch den Ungarn-Aufstand im Oktober 1956 noch verschärften, wurde diese gesamtdeutsche Tagung jedoch abgesagt.
Als Ersatz plante Fraenger einen Kongreß in Dresden, der ganz dem Thema Tanzschrift gewidmet war. Die von Rudolf von Laban (1879 – 1958) entwickelte Tanzschrift (Kinetographie) stellt ein System für die Aufzeichnung von Tanzbewegungen dar, das sich gleichermaßen für klassischen wie für modernen Tanz eignet. Bereits 1955 hatte Fraenger Kontakt zu dem an der Folkwangschule in Essen tätigen Kinetographen Albrecht Knust aufgenommen, um ihn als Referenten zu gewinnen. Der Kontakt zu ihm lief im Vorfeld des Kongresses über Ingeborg Baier-Fraenger, die 1957 an der Folkwangschule studierte. Knust erhielt die Genehmigung, als Privatperson zu dem Kongreß nach Dresden zu reisen, der vom 1. bis 4. Oktober stattfand. Ingeborg Baier-Fraenger bezeichnete ihn als „Meilenstein in der Verbreitung der Kinetographie". Als Tagungsort stellte Gret Palucca dem Kongreß ihre Tanzakademie zur Verfügung. Rudolf von Laban, der aufgrund einer schweren Krankheit nicht teilnehmen konnte, äußerte sich in einem Brief an Fraenger sehr positiv über dessen Bemühungen um die Kinetographie. Die rund 60 Fachleute, die an der Tagung teilnahmen, kamen aus Bulgarien, der BRD,

der DDR, England, Jugoslawien, Polen, Rumänien, der Tschechoslowakei und Ungarn. Nach fünftägiger Diskussion entschieden sie sich einstimmig für eine Einführung der von Laban entwickelten Kinetographie für die Notierung und wissenschaftliche Auswertung von Volkstänzen. Das allgemeine Interesse an dem Kongreß bewirkte außerdem, daß sich Schüler aus vielen verschiedenen Ländern bei Albrecht Knust anmeldeten.[7]

Das zweite Schriftstück offenbarte Folgendes: Kurt Peters schrieb 1963 in einem Artikel mit dem Titel „Anna Helms - Ein Nekrolog": *Noch im Vorjahr nahm sie an dem jährlichen Treffen des Laban-Kreises in Hamburg teil. Dort brach Albrecht Knust, der Kinetograph der Folkwangschule Essen, einen Toast auf sie vom Zaune, indem er sie bezichtigte, in allem Schuld zu haben. Schuld, daß er selbst Choreograph und Kinetograph wurde, Schuld an vielen Generationen, die sie damals durch ihren Geestländer Kreis zu Lebensfreude spendendem Berufen verführte.*[8]
Anna Helms-Blasche, von der hier die Rede ist, ist für den Volkstanz in Deutschland laut Kurt Peters das, was die Brüder Grimm für die Sammlung und Veröffentlichung deutscher Märchen sind:
Eine Forscherin, eine Dokumentaristin, eine Praktikerin und eine Aktivistin. Zahlreiche Veröffentlichungen (darunter „Die Tanzkette") zu Volkstanz, aber auch Vorträge und Reden sind unter ihrem Namen zu finden, und sie galt zu Lebzeiten als die „Grande Dame" des Volkstanzes in beiden deutschen Staaten.
Wenn sich also Albrecht Knust, Freund und Kollege von Kurt Jooss und von Rudolf von Laban, zu Alma Helms-Blasche bekennt und dieser Lehrer, Choreograf und Tänzer 1957 als Referent in Dresden zum Thema „Kinetographie für Volkstänze" spricht und damit bewirkt, dass diese Notation für diese Tanzformen von den Kongressteilnehmern befürwortet wird, dann kann man davon ausgehen, dass diese Prägung Knusts in der *Folkwang-Hochschule* in den 1950er/60er Jahren keine geringe Rolle spielte. Studentinnen

---

[7] Quelle: https://fraenger.net/

[8] Quelle: *Die andere Zeitung* vom 7.2.1963

dieser Epoche waren u.a. Susanne Linke, Reinhild Hoffmann und Pina Bausch!

Es dürfte ein lohnenswertes Thema für die Tanzwissenschaft sein, die Volkstanzeinflüsse von Anna Helms-Blasche an Albrecht Knust und von diesem weiter gehend an die Generation der späteren deutschen Tanztheater-Ikonen eingehender zu untersuchen und im Bühnenwerk dieser Folkwang-Tänzerinnen und Choreographinnen zu entdecken. Inwiefern traditionelle deutsche (Volks-)Tanzformen Eingang und Transformationen in zeitgenössische Choreografien dieser ehemaligen Folkwang-Studentinnen erfahren haben, dürfte hochinteressant sein und ein etwas anderes Licht auf das Phänomen „deutsches Tanztheater" werfen.
Wir für unseren Teil, also die ehemalige Folkwang-Tanz- und Choreographie-Studentin Jacqueline Fischer und der ehemalige Folkwang-Kompositionsstudent J.U. Lensing sehen uns mit der aktuellen Produktion „West-Land-Tänze" durch diese Recherche-Entdeckungen ermutigt, uns mit überlieferten Tanz- und Musikformen aus dem Rheinland und Westfalen vorurteilsfrei aber auch im obigen Sinne durchaus in einer „Folkwang-Linie" zu beschäftigen. Wir hoffen gerade, mit dieser Arbeit einen Schritt zu machen, der das uns bis dato unbekannte oder besser gesagt unbewusste kulturelle Erbe ermöglicht, in zeitgenössische Formen weiterzuführen und damit einmal mehr – weit abseits von Restauration oder Traditionspflege – lebendig zu machen.

J.U.Lensing, Januar 2024

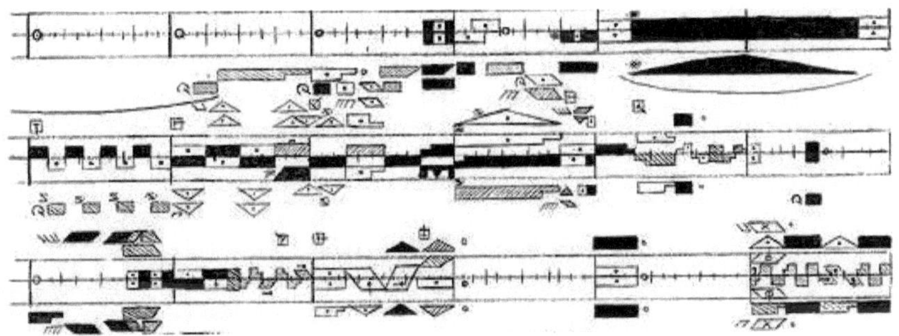

WIE SICH VOLKSTANZ ENTWICKELT HAT

WIE SICH VOLKSTANZ ENTWICKELT HAT –
UND WAS JUNGE MENSCHEN HEUTE DARAUS MACHEN

Es ist wirklich verblüffend. Da scheint einerseits Volkstanz seit vielen Jahrzehnten sowas von anachronistisch zu sein, dass er nun wirklich höchstens noch notorisch rückwärts gewandte ältere Menschen anzusprechen scheint. Wer nach Volkstanzaktivitäten sucht, trifft fast überall nur auf Gruppen von älteren Frauen, mit wenigen Quotenmännern und vereinzelten „jungen Menschen" Mitte 50. Gruppen, die ihr Aussterben vor Augen haben und hilflos darüber jammern, jüngere Menschen längst nicht mehr mit dem ansprechen zu können, was die Aktiven selbst als unbedingt erhaltenswert ansehen.

Und da gibt es andererseits eine wachsende Zahl von Tanz- Festen und sogar großen Festivals, auf denen Musik mit eindeutigen Wurzeln in Volkstanzmusik gespielt wird und die hunderte, ja tausende ganz junger Menschen ungemein begeistert zum Tanzen animiert. Menschen, die überhaupt nicht so wirken, als könnte sie ausgerechnet Volkstanz begeistern. Und in der Musik, die sie animiert, klingt zwar irgendwas „Folkiges" durch, aber gleichzeitig auch alles Mögliche andere. Vor allem aber strahlen die Musizierenden oft eine unbändige Spiellust, Actionlust und Experimentierlust aus. Und auch die Art des Tanzens und des Umgangs miteinander ist ganz weit weg von dem, was üblicherweise mit Volkstanz assoziiert wird.

Wie kann das?

Gerade, wenn man sich für Volkstanz und dessen Entwicklung
interessiert, dann kommt man nicht umhin, auch immer wieder hinter
all die Ideologien, Mythen und Klischees zu gucken, die die
gängigen Vorstellungen von Volkstanz prägen.

Dazu möchte ich im Folgenden zunächst vier Thesen formulieren, um
dann in einem zweiten Teil auszuleuchten, was aus meiner Sicht
letztlich entscheidend dafür ist, dass jetzt im 21. Jahrhundert in
etlichen Ländern Europas mit der *BalFolk*-Bewegung „ausgerechnet"
eine Tanzrichtung unter jungen Menschen mächtig Furore macht,
deren Wurzeln primär in Volkstanz und Volkstanzmusik liegen.
Zumal das auch noch junge Menschen sind, auf die unübersehbar
nicht jene gesellschaftspolitischen Zuschreibungen von
rückwärtsgewandt bis rechtsextremistisch zutreffen, wie sie mit
Volkstanz sonst immer wieder ganz schnell verbunden werden.
Zumal in Deutschland.

4 Thesen zur Geschichte von Volkstanz und Volkstanzpflege in Deutschland

Der bei weitem bedeutsamste Bruch in der Geschichte von Volkstanz
im heutigen Deutschland erfolgte nicht (!) – wie immer wieder
vermutet wird – im Zuge der Industrialisierung und der schnellen
Verstädterung im 19. Jahrhundert, sondern schon dreihundert Jahre
früher, nämlich nach dem Ende der Bauernkriege (1525) und im
Zuge der gesellschaftspolitischen Umbrüche und Veränderungen in
der Reformationszeit (ab 1517).

Zur Erläuterung:

Nach ihrer Niederlage 1525 wurden die aufständischen Bauern
extrem grausam abgestraft – selbst verglichen mit anderen
damaligen Aufständen. Sozialgeschichtlich viel bedeutsamer aber ist
wahrscheinlich, dass die Sieger nun eine bislang (im Mittelalter)
unbekannte Form der Unterwerfung praktizierten: nämlich eine
Unterwerfung des Inneren der besiegten Menschen, ihres Denkens,

ihrer Gefühle und ihrer kulturellen Wurzeln. Seit der
Christianisierung Mitteleuropas war gesellschaftlich entscheidend
gewesen, die Autorität des Herrschers und der Kirche
durchzusetzen. Was die Menschen aber wirklich dachten und
glaubten, das interessierte weit weniger. So wurden erst nach und
nach vorchristliche Symbole, Rituale und Feste ersetzt oder im
christlichen Sinne umgeformt. Erst im 13. Jahrhundert, fast ein halbes
Jahrtausend nach der Christianisierung (die damals ja fast immer
auch eine gleichzeitige Unterwerfung war – nicht nur nach den
Sachsenkriegen Karls des Großen), war praktisch all das
verschwunden, was vorher noch lange auf vorchristliche Traditionen
hingedeutet hatte. Vieles, was aber nicht offensichtlich auf solche
Wurzeln zurückging, hielt sich dann immer noch – unter anderem im
Volkstanz. Erst mit der Reformation, die ja nicht zufällig Anfang des
16. Jahrhunderts in einer Zeit voller Umbrüche entstand, wurde das
anders. Nun wurde im Protestantismus die innere Glaubenshaltung
des Einzelnen als entscheidend bezeichnet. Und den Glauben legte
seit dem sogenannten Augsburger Religionsfrieden (1555) der
jeweilige Landesherr für alle seine Untertanen fest.

Das meiste von dem, was bis dahin Volkstanz in dem heutigen
Deutschland geprägt hatte, schien nun im 16. Jahrhundert mit dieser
inneren Unterwerfung unvereinbar und gefährlich. Denn es gab bis
dahin noch die endlosen Balladen als gesungene Tanzmusik, die
neben alten Mythen und Erinnerungen auch aktuelle Entwicklungen
und Probleme thematisierten – und nicht zuletzt auch Nachrichten
von Ort zu Ort trugen. Und es gab sie noch, die Ketten und Reigen
mit ihren von allen Tanzenden mitgesungenen Kehrreimen. Und vor
allem gab es noch die umherziehenden Spielleute, die nebenbei so
was wie eine lebendige Zeitung waren – aber nicht selten auch
Agitatoren oder Prediger. Denn Spielleute waren immer auch
Vortänzer und Vorsänger. Nicht zufällig waren unter den führenden
Aufständischen in den Bauernkriegen besonders viele Spielleute
gewesen. Bereits 1476 war ein als *Trommler oder Pfeifer von
Niklashausen* bekannter Spielmann hingerichtet worden, nachdem
er mit Tanz und Predigten über 70000 Anhänger "gegen Pfaff und
Edelmann" um sich geschart hatte.

Nach den Bauernkriegen (1525) – und insbesondere in der
Deeskalation nach dem Augsburger Religionsfrieden (1555) –
wurden große Teile bisheriger Tanzgewohnheiten auf dem Lande
und unter den ärmeren Städtern mit teils äußerster Härte verfolgt.
Sämtliche Tanzformen, die bislang Texte und Informationen
transportiert hatten (wie insbesondere Reihen-, Reigen- und
Kettentänze), wurden nun allesamt verboten, ja meist das Singen
beim Tanzen überhaupt. Dabei war Tanzen ohne Singen – und ohne
Spiel – bis dahin gar nicht denkbar gewesen. Im Althochdeutsch
hatte dafür sogar nur ein einziges gemeinsames Wort gestanden:
"leich". Damit war Tanz ebenso gemeint wie Gesang und/oder
Spiel – geselliges oder pantomimisches Spiel. Fortan aber wurde
Singen beim Tanzen sogar mit dem Tode bedroht. In Magdeburg
wurden etwa wegen dieses Deliktes drei Männer hingerichtet. Und
Spielleute waren nun allgemein extremer Verfolgung ausgesetzt. Ihre
Tätigkeit galt nun als unehrenhaft.

Mit all dem wurde das Volk letztlich praktisch völlig zum Schweigen
gebracht. Reste von Tanzliedern aus jener Zeit finden sich denn auch
heute am ehesten ausgerechnet in Gerichtsakten – oder deren
Melodien in Kirchengesangbüchern. Praktisch nicht mehr
rekonstruierbar, haben zudem wenige unverständliche Textreste in
einigen alten Kinderliedern überlebt.

Die seinerzeitige Verinnerlichung von abhängiger Zugehörigkeit
erfolgte natürlich nicht zufällig in dieser Zeit, sondern hat eine
Vielzahl von gesellschaftlichen Hintergründen. Für die
Landbevölkerung in jener Zeit war wohl erst mal das Wichtigste,
dass im Jahrhundert vorher allmählich die traditionellen
Naturalabgaben durch Geldleistungen ersetzt worden waren. Was
sich banal anhört, hatte weitreichende Folgen. Denn nun musste
auch bei Missernten gezahlt werden und wurde auf Probleme wie
schlechte Böden keine Rücksicht mehr genommen. Die Folge war
eine massive Verarmung und Verschuldung der Bauern, die
schließlich immer mehr von ihnen in völlige Leibeigenschaft trieb. Ein
anderer wichtiger Grund war, dass die aufstrebenden reichen

Handelsstädte inzwischen eine Geldwirtschaft durchgesetzt hatten, die fast den gesamten Adel finanziell von sich abhängig gemacht hatte. Und beide wollten von der Landbevölkerung immer üppiger versorgt werden. Schließlich hatten die Städte auch längst begonnen, nach frühkapitalistischen statt nach bisherigen feudalen Prinzipien zu wirtschaften. Und die Reformation gab dem Regionaladel und den Städten nun die ersehnte Gelegenheit, sich endlich von der zentralen Autorität der Kirche und des Kaisers zu lösen. (All diese Zusammenhänge hat Dieter Forte[9] 1970 sehr schön mit seinem Theaterstück "Martin Luther & Thomas Münzer – oder Die Einführung der Buchhaltung" in Szene gesetzt – als Taschenbuch Frankfurt 1981 erschienen).

Nach all dem verwundert wahrscheinlich die zweite These nicht:

Ganz ähnliche Entwicklungen wie in Deutschland gab es fast zeitgleich in ganz vielen europäischen Regionen und Ländern, nämlich letztlich überall da, wo die feudale Unterwerfung, Knechtung und Ausbeutung der bäuerlichen Landbevölkerung nun – nach Ende des sogenannten Mittelalters – auf die ein oder andere Weise neue Höhepunkte und neue Formen erreichte. Überall stoßen wir in jener Epoche auf strikte Verbote und Verfolgungen bisher zentraler Volkstanzpraktiken, vor allem der Reihen-, Kreis- und Kettentänze – und des Singens beim Tanz.

Gemeinsam ist all diesen Maßnahmen gegen tradiertes Volkstanzen, dass sie immer als Begleitung einer verschärften Unterdrückung und Ausbeutung der bäuerlichen Bevölkerung erfolgten. Manchmal geschah das nach misslungenen Aufständen, andere im Zuge der massiven Verschärfung der Ausbeutung und Verelendung der bäuerlichen Bevölkerung durch Ausweitung von Leibeigenschaft, durch Umstellung von Naturalabgaben auf (ernte unabhängige) Geldabgaben oder durch – teils koloniale – Zwangsumstellung von Ackerbau auf Viehwirtschaft zur Wollproduktion (für die

---

[9] Dieter Forte war gebürtiger Düsseldorfer, der später in Basel lebte

aufkommenden Textilmanufakturen in England besonders). Dass z.B.
in England, Schottland oder Irland seit Jahrhunderten die
Landwirtschaft vorwiegend aus Weidewirtschaft besteht, das ist vor
allem der aufkommenden Textilmanufaktur in England mit ihrem
unablässig steigenden Wollbedarf zu "verdanken". Und dass dort
auf dem Lande seitdem kaum noch jemand wohnt, weil
Weidewirtschaft vergleichsweise wenige Arbeitskräfte benötigt,
ebenso.

Und überall finden wir ähnliche Anzeichen jener neuen Qualität von
Herrschaftsausübung, die sich nun nicht mehr mit äußerer
Machtausübung und entsprechendem Gehorsam begnügt, sondern
auf die Verinnerlichung solcher Verhältnisse und der persönlichen
Identifizierung mit den bestehenden Herrschaftsverhältnissen setzt.
Entsprechend spielt letztlich auch überall die Reformation
(einschließlich der katholischen Gegenreformation) bei all dem eine
ganz entscheidende Rolle.

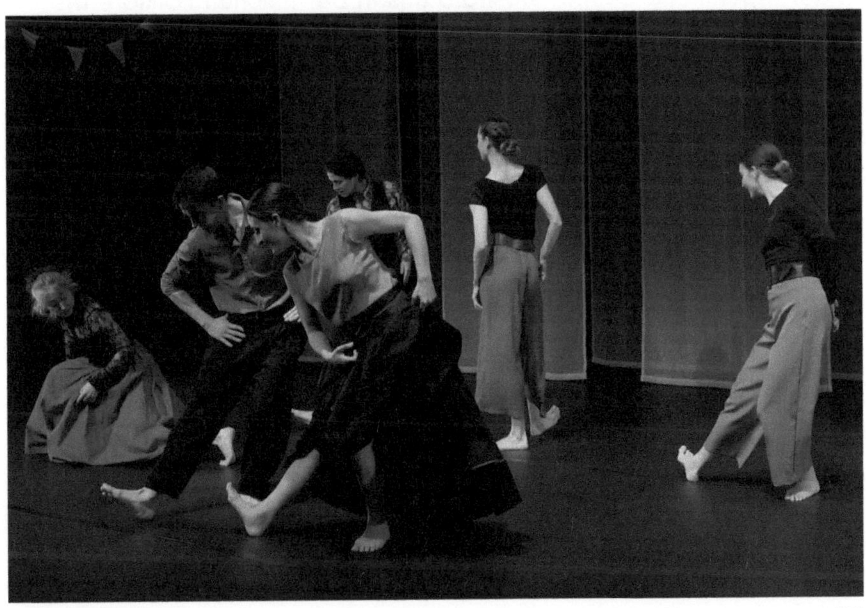

Drei Beispiele für die Entwicklung in anderen Ländern:

Mitte des 18. Jahrhunderts wurde durch England (zur Durchsetzung der Interessen der aufkommenden Wollindustrie in England) ein Großteil der schottischen Bauern vertrieben. Ein Drittel von denen fand dabei den Tod. Und nur 10 Jahre später entstand im Lande der Täter, in England, eine geradezu überschäumende Schottlandmode. Was wir heute noch an schottischer Folklore oder an schottischen Tänzen kennen, hat meist seine Wurzeln in genau dieser Mode – und mit Schottland nur über diesen Umweg etwas zu tun. Und, noch absurder: Dass die schottische Folklore damals überhaupt zu solch einer Mode werden konnte, hat wiederum sehr viel damit zu tun, dass vieles sehr an vorher schon untergegangene Tanztraditionen im eigenen Land erinnerte. Denn die Tanztraditionen dort waren schon früher, ebenfalls im Zuge der Zerschlagung vorheriger bäuerlicher Landwirtschaft, untergegangen.

Das Verbot des Singens beim Tanzen durch die Kolonialmacht England hielt sich in Irland sogar noch bis ins 20. Jahrhundert. Das ist der eigentliche Grund, weshalb uns in der irischen Folklore bis heute so häufig sinnentleerte „Dideldumdei"-Texte begegnen.

Eine Besonderheit stellte in jener Zeit das osmanische (oder auch türkische) Reich dar, dessen größte Ausdehnung Ende des 17. Jahrhunderts bis vor die Tore Wiens reichte. Denn den osmanischen Herrschern reichte es, von den unterworfenen Völkern Abgaben und andere Leistungen zu erhalten. Aber sie ließen den unterworfenen Völkern weitgehend deren gewachsene kulturelle Identität und deren religiöse Verschiedenheit (und auch deren Tanztraditionen) – ein Ausmaß an Toleranz, das den abendländischen Herrschern jener Zeit völlig fremd war.

Trotzdem gab es auch anderswo in Europa einige kulturelle Traditionen, die von den rigiden Eingriffen der anbrechenden sogenannten "Neuzeit" eher verschont blieben. Woran das lag, darüber kann ich allenfalls spekulieren – z.B. vielleicht daran, dass sie einfach zu sehr am Rande lagen. Oder dass ihre Unterwerfung schon zeitlich früher vollzogen worden war. In Tanzkreisen ist in derartigen Regionen heute vor allem die sehr spezielle Tanztradition in der Bretagne bekannt. In der Bretagne und auf dem Balkan finden wir denn auch bis heute jene ungeheure Vielfalt an Reihen- und Kettentänzen sowie Kreistänzen mit paarigen Elementen, die bis etwa ins 16. Jahrhundert hinein das Volkstanzen in ganz Europa geprägt hatten.

Wie verschieden die Entwicklung aber in unterschiedlichen Regionen laufen konnte, dafür habe ich vor einigen Jahren zufällig ein besonders interessantes Beispiel erlebt: In Lettland spricht man heute von der "Singenden Revolution", mit der 1991 die Unabhängigkeit von der ehemaligen Sowjetunion errungen worden sei. Entsprechend groß ist in Lettland heute der Stellenwert von Singen und Volkstanz – gerade auch bei jungen Leuten. Die Tänze allerdings, die heute als identitätsstiftende lettische Tänze ausgegeben werden, sind eigentlich fast durchweg Varianten von norddeutschen Tänzen aus dem 18. und insbesondere dem 19. Jahrhundert. Wer sich mit norddeutschen Tänzen auskennt und mal in Lettland mittanzt, merkt das sofort. Und das bei fast jedem Tanz! Um sich das erklären zu können, muss man wissen: seit den Zeiten der Deutschordensritter im 14. Jahrhundert war die lettische Oberschicht immer ausschließlich deutsch gewesen – und entsprechend auf deutsche Sprache und Kultur hin orientiert. Noch bis etwa 1900 war Deutsch die einzige Amtssprache. Bei all dem müssen über die Jahrhunderte hinweg kulturelle Traditionen aus der Zeit vor den Deutschen und vor der Christianisierung so weit verloren gegangen sein, dass sich dahin in jüngeren Zeiten überhaupt keine relevanten Anknüpfungspunkte mehr ergaben. Also wurden in jüngerer Zeit diejenigen Tänze aufgegriffen, die die unterworfenen Letten einst von ihren Herrschern übernommen und dann über Generationen für sich auf ihre Weise umgeformt hatten.

Allerdings bleibt unklar, weshalb auch in Lettland dabei offensichtlich nur noch an diejenigen Tanztraditionen angeknüpft werden konnte, die in Norddeutschland seit dem Ende des 18. Jahrhunderts im Schlepptau der damaligen "Bunten"-Mode aufgelebt

oder entstanden waren. – Und – das sei auch noch am Rande
erwähnt: Jene Quadrillen- und Bunten-Mode wiederum hatte nach
gängiger Einschätzung eigentlich "nur" deshalb solch einen
überragend großen Erfolg, weil sie ganz viele Tanzmuster,
Tanzelemente und Tanzfiguren über die Schottlandmode in England
"zurückbrachte", wie sie bis ins 16. Jahrhundert hinein auch in
Norddeutschland üblich und gängig gewesen waren – und wie sie
offenbar in verborgener Erinnerung immer noch "irgendwie"
schlummerten.

Diese Exkurse mögen verdeutlichen, wie ungeheuer verworren die
Wege angeblich "ursprünglicher" Tänze häufig waren und sind.

Das führt direkt zu meiner dritten These:

Wirklich "echte", "ursprüngliche", "typische" Volkstänze (von denen
ja immer wieder die Rede ist), gibt es in Wirklichkeit nahezu
überhaupt nicht. Dass von solchen aber trotzdem permanent die
Rede ist, hat mit Realität fast nichts, dafür aber sehr viel mit
gesellschaftlichen Selbstverständnissen und mit gesellschaftspolitisch
motivierten Ideologiebildungen zu tun – und zwar speziell mit
solchen Ideologiebildungen, wie sie gerade in Volkstanzkreisen in
Deutschland meist besonders fruchtbaren Boden fanden (und finden).

Praktisch alles, was wir heute als angeblich "traditionelle" Tänze
kennen, ist entweder bis zur Unkenntlichkeit entstelltes Ergebnis
jahrhundertelanger Eingriffe politischer Zensur und Verfolgung. Oder
das sind – in der ganz großen Mehrheit – eher noch junge Kunst-
Produkte, immer systematischerer Umformungen und
Instrumentalisierungen kultureller Überlieferungen. Die allermeisten
uns heute bekannten Volkstänze in Deutschland sind weniger als
hundert oder hundertfünfzig Jahre alt. Allenfalls kleine Elemente in
ihnen sind dann teilweise älter – stammen dann aber meist aus
verschiedenen Tänzen. Die Anfänge solcher Neu-Kreationen liegen –
ausgehend von Bayern – bei der frühen Tourismusförderung seit den
1860ern. Das bekannteste – damals zum Beeindrucken der Touristen
entstandene – Kunst-Produkt ist der Schuhplattler, in dem aus

verschiedensten älteren Tänzen speziell die Plattel-Motive
herausgenommen und aneinandergereiht wurden.

Nach den Tourismusförderern entdeckten dann die Sport- und
Gymnastiklehrer die Volkstänze – und schließlich auch die
Pädagogik insgesamt. Um Tänze für die jeweiligen Absichten nutzen
zu können, wurden sie für solche Zwecke jeweils gezielt umgeändert
oder neu kreiert, um für Zuschauer attraktiv, um sportlich
anspruchsvoll, um gemeinschaftsfördernd, um unerotisch und
jugendfrei zu sein. Der Höhepunkt dieser Neuentdeckungen und
Umformungen von Volkstanz lag in Deutschland in der Zeit der
Weimarer Republik (1918-1933). Seither haben z.B. fast alle in
Tanzsammlungen enthaltene Tänze ein Copyright – also jemanden,
dessen persönliches geistiges Eigentum dieser Tanz ist – und der
nach geltenden Copyright-Regelungen noch nicht mehr als 70 Jahre
tot sein darf. Tanz-Musikgruppen, die heute ein GEMA-freies (also
Tantiemen-freies) Programm spielen wollen, können davon ein
Klagelied singen.

Aber immer ist es im Grunde das gleiche Muster: Man pickt sich aus
den Überlieferungen, oder dem, was man dafür hält, sehr selektiv
das raus, was man meint, heute „gebrauchen" zu können. Und stellt
das dann als die(!) Tradition dar.

Tänze, die mehr als 150 Jahre alt sind, finden sich, entgegen
verbreiteter Mythen, tatsächlich nur sehr wenige. Und Tänze des
einfachen Volkes aus der Zeit vor dem 18. Jahrhundert gibt es sogar
fast gar nicht (abgesehen von Rudimenten in Gerichtsprotokollen).

Die heute verbreiteten Volkstänze haben zudem eine ganz
bedeutungsvolle Eigentümlichkeit, die Volkstänzen in früheren
Jahrhunderten weitgehend fremd war. Statt lebendiger, dauernd
veränderter Volkstänze in den unteren Bevölkerungsschichten haben
wir heute weitgehend nur noch erstarrte Tänze, die möglichst exakt
nach immer gleichen Regeln zu tanzen sind – statt sich von
Generation zu Generation, von Region zu Region und von Situation
zu Situation zu unterscheiden. Und seit in der zweiten Hälfte des 19.

Jahrhunderts eine spezielle Volkstanzpflege entstand, strebten fast alle danach, genau festzulegen, wie Tänze "richtig" oder „ursprünglich" zu tanzen sind – statt dies der momentanen Stimmung oder Situation, dem Anlass, dem Alter oder der Wendigkeit der Tanzenden zu überlassen, wie diese Lust hatten zu tanzen. Typisch ist dafür, dass seit der allgemeinen Verbreitung von Schallplatten es immer mehr um sich griff, ausschließlich nach Musikkonserven zu tanzen, weil keine Live-Musik immer exakt gleich sein konnte. Statt die Lebendigkeit und Vielfalt lebendiger Volkstänze zu schätzen.

Lebendiges Volkstanzen dagegen würde bedeuten, nicht individuell (wie heute in der Disco selbstverständlich), sondern in Gemeinschaft (oder z.B. als Paar) Tänze für sich immer neu zu erfinden, zu entfalten und zu gestalten. Jeder kennt das Bedürfnis, je nach Situation, Stimmung und Anregung, je nach Wendigkeit und Alter verschieden zu tanzen. Aber Volkstanzpflege suchte dieses Eigensinnige, Vielfältige und Lebendige in einheitliche Normen und Regeln zu pressen, um so kulturelle Überlieferungen möglichst exakt für alle Zukunft festhalten zu können – allerdings auf Kosten aller dazugehörigen Lebendigkeit. (Was lebendiger Tanz ist und was andererseits erstarrter und normierter Tanz, das sieht man übrigens am besten in den Gesichtern der Tanzenden, nicht an deren Füßen und Figuren.)

Wie absurd solch erstarrende Volkstanzpflege ist, macht nichts so schön deutlich wie ein Schlüsselereignis der frühen Volkstanzpflege in den Niederlanden: Anfang des 20. Jahrhunderts waren damals Volkstanzforscher extra auf die Nordseeinsel Terschelling gereist, weil sie dort noch besonders "ursprüngliche" Tänze vermuteten. Sie wurden auch fündig, vor allem natürlich bei alten Menschen. Und so, wie ihnen dann 75-Jährige und Ältere ihre Tänze zeigten, so schrieben sie sie auf, möglichst exakt. Bis hin zum Tempo! Und das, was sie aufgezeichnet hatten, galt dann 80 Jahre lang als typisch für niederländische Volkstänze. Erst vor wenigen Jahrzehnten fiel jemandem auf, dass die befragten Menschen diese gleichen Tänze sicherlich sehr anders vorgeführt hätten, wenn man sie 50 oder 60 Jahre früher befragt hätte, nämlich in jungen Jahren. Die Art und

Weise also, wie alte und uralte Menschen tradierte Tänze zeigten,
war damit unbemerkt zum "Maß aller Dinge" geworden – für Jung
und Alt gleichermaßen. Daher rührt übrigens bis heute der Ruf
niederländischer Tänze, sie seien besonders behäbig und langsam.

Noch etwas anderes scheint mir bedeutsam:

Die Hochphase der Volksliedforschung in Deutschland begann in der
Phase der Französischen Revolution Ende des 18. Jahrhunderts und
war stark geprägt von Aufklärung und Freiheitsstreben. Die
Volkstanzforschung in Deutschland dagegen beginnt erst im letzten
Drittel des 19. Jahrhunderts, also in einer Phase eines extremen
Nationalismus, der seinerzeit bereits die Anfänge einer völkischen
und rassistischen Bewegung hervorbrachte – und in der sich der
Liberalismus längst auf einen kapitalistischen Wirtschaftsliberalismus
reduziert hatte. Und bislang einmalige Höhepunkte erreichte die
Volkstanzpflege in Deutschland in den 1920ern und 1930er Jahren
– und nicht zuletzt im Zuge damals immer massiver um sich
greifender völkischer und rassistischer Ideologien. (Auch wenn es
natürlich anderes gab, etwa 1913 den Volkstanz der *Freideutschen
Jugend* und der *Wandervögel* auf dem Hohen Meißner bei ihrer
demonstrativ antipatriotischen Selbstinszenierung – oder den
Volkstanz der neu erblühenden, entketteten Arbeiterjugendbewegung
1920 bei ihrem ersten Arbeiterjugendtag in Weimar, dem Ort der
Weimarer Verfassung.)

Besonders problematisch ist in einer nachfaschistischen Gesellschaft
wie der unseren sicherlich die Nutzung von Kategorien wie
"ursprünglich" und "echt". Denn ein zentrales Merkmal des
Rechtsextremismus war und ist ja, dass er systematisch soziologische
und geschichtliche Phänomene umdeutet in angeblich "natürliche"
und "biologische" Phänomene. Die gesamte Rassenlehre stützt sich
u.a. darauf. Das macht es so gefährlich, heute ausgerechnet bei
Volkstänzen nach "Ursprünglichkeit" und "Echtheit" oder nach deren
"wahren Wurzeln" zu suchen. Denn schon mit der Frage allein
unterstellt man, dass es so etwas tatsächlich geben könnte – und
folgt damit Deutungsmustern, die letztlich Teil rechtsextremistischer

Ideologien sind. Das sollte man zwar deshalb niemandem reflexartig vorwerfen, der nach „Ursprünglichkeit" sucht – aber gleichermaßen eindeutig schon derartige Fragen als geschichtslos zurückweisen.

Ohne hier auch auf andere Länder eingehen zu wollen (die besondere Folk-Begeisterung im englischen Militär war mir z.B. immer suspekt), drängt sich dazu – jedenfalls bezogen auf Deutschland – als **vierte These** auf:

Wer in Deutschland heute noch im Zusammenhang mit Volkstanz über den Verlust an "Ursprünglichkeit" jammert oder über die "Beschädigung" des Volkstanzes durch die Nazis lamentiert – oder wer in der Bedeutung von Volkstanz in der Nazizeit gar einen "Missbrauch" sieht, der blendet aus, dass fast die gesamte Volkstanzpflege in Deutschland schon weit vor 1933 in einem weitgehend völkischen Sinne von einer angeblich "natürlichen" Höherwertigkeit deutscher Kulturtraditionen überzeugt war.

Wie schon erwähnt, liegen die Anfänge von Volkstanzpflege in Deutschland in einer Zeit besonderer nationalistischer Zuspitzungen und um sich greifender völkischer Ideologien. Und die Volkstanzpflege fühlte sich offenbar derartigen Zeitgeistströmungen gegenüber von Anfang an sehr verbunden. Das verstärkte sich noch immens nach der "Schmach der Niederlage" im 1. Weltkrieg (denn eine andere Sicht auf den Krieg gab es damals jedenfalls in Volkstanzkreisen kaum!). Abgesehen von Volkstanzbegeisterten in großen Teilen der Arbeiterkulturbewegung und in sehr kleinen Teilen der bürgerlichen Jugendbewegung gehörten schon in den 1920er Jahren Volkstanz und völkische Ideologie fast überall selbstverständlich zusammen. Und dabei waren vielfach überaus fließende Übergänge zu jenem Rassismus, dem die Nazis dann zum offiziellen Durchbruch verhalfen, ganz offensichtlich begrüßt und gewollt. Es ist deshalb auch bloße Geschichtsverleugnung, wenn bis heute immer wieder entschuldigend davon gesprochen wird, dass der Volkstanz damals missbraucht worden wäre, dass der Volkstanz also Opfer – und nicht oft begeistert Mitwirkender – der Nazis gewesen wäre. Denn dafür war die Begeisterung für völkische Inszenierungen von Volkstanz zu allgemein – auch wenn natürlich

nicht alle Volkstanzenden direkt überzeugte Nazis waren. In diesem
Zusammenhang, trotzdem pauschal von Missbrauch zu sprechen
oder von Verführung, stellt die Realität völlig auf den Kopf. Aber die
allgegenwärtige Sehnsucht nach Abwehr jeglicher Verantwortung
und Mitverantwortung erklärt vielleicht auch, wie schwer die
Auseinandersetzung mit der Rolle des Volkstanzes im
Nationalsozialismus nach 1945 in Westdeutschland fiel. Nur einige
Beispiele dafür:

Die bekanntesten Vertreter deutschen Volkstanzes sahen durchweg
nach 1945 die weitgehend selbstverständliche Einbindung von
Volkstanz in die völkische Ideologie und in die politischen Absichten
der Nationalsozialisten nicht als Problem an, sondern definierten aus
ihrer Sicht als die entscheidenden Probleme die Kriegsniederlage
und die Vertreibung aus den Ostgebieten. Entsprechend versuchten
praktisch alle, die sich für deutsche Volkstänze interessierten,
möglichst bruchlos an die 1920er oder 1930er Jahre anzuknüpfen –
einschließlich vieler völkischer Affinitäten.

Und für die Vertriebenenverbände (die ja noch jahrzehntelang
besonders stark von alten Nazis geprägt waren) ging es vor allem
darum, ihre tradierten Kulturen weiter lebendig zu erhalten, bis dass
man – hoffentlich – die von Deutschen erlittenen Kriegsfolgen
irgendwann wieder rückgängig machen könne. Insbesondere in
ländlichen Bereichen versuchte man eine (äußere) Distanz zum
Volkstanz im Nationalsozialismus dadurch zu erreichen, dass man
nun eine von nationalen Orientierungen stark abgekoppelte
regionalisierte Volkstanz- und Traditionspflege betrieb.

Parallel entwickelten sich seit den 1950ern in Westdeutschland
einige neue Strömungen im Volkstanz. Diese waren offenbar primär
davon geleitet, vor allem Abstand zu kommen zu dem Gewesenen –
ohne aber das Gewesene wirklich verarbeiten oder bewältigen zu
müssen. Das passiert am ehesten noch rein symbolisch, indem immer
öfter das Wort „Volkstanz" durch das halb englische „Folktanz"
ersetzt wird. Vor allem folgende Richtungen gewinnen in diesem

Zusammenhang in der westdeutschen Bundesrepublik besondere
Bedeutung:

- Eine Begeisterung für US-amerikanische Tänze in den 1950ern
  und 1960ern – und seit Mitte der 1960er dann für israelische
  Tänze.

- Seit den späten 1960ern eine wachsende Begeisterung für
  irische und schottische Lieder und Tanzmusik.

- Seit den 1970ern eine von Gymnastik und Sport geprägte
  Konzentration auf sportlich eher anspruchsvolle Balkantänze.

- Schließlich ist aus heutiger Sicht – nach dem Anschluss der DDR
  an die BRD 1990 – noch interessant, dass sich in der DDR der
  1980er eine oppositionelle Strömung sehr zugeneigte
  Volkstanzszene entwickelte, die allerdings nicht primär
  überlieferte Traditionen festhalten und pflegen wollte, sondern
  die eine sehr lebendige und agile Neuaneignung von Volkstanz
  durch junge Menschen praktizierte – und sich dabei schnell auch
  für Tanztraditionen aus anderen Kulturen öffnete, ohne
  gleichzeitig aber auf Distanz zu Tanztraditionen "aus dem
  eigenen Land" zu gehen. Bis heute ist u.a. deshalb die
  Folktanzszene in Ostdeutschland im Schnitt auch deutlich jünger
  und agiler als in Westdeutschland.

Zum Phänomen der aktuellen *BalFolk*-Bewegung

Während in Deutschland bis heute fast überall, wo im weiteren Sinne Volkstanz oder Folktanz praktiziert wird, eine massive Überalterung beklagt wird, erleben wir in unseren westlichen Nachbarländern etwas ganz anderes. Nämlich geradezu einen Boom volkstanzbasierter Tanzevents in den rockkonzertaffinen jüngeren Generationen. Begonnen hat diese Entwicklung im Zusammenhang mit der damals sehr verbreiteten Protestsong- und Folkbewegung ab Mitte der 1960er und den 1970er Jahren. Nach dem Ausklingen dieser Bewegungen suchten insbesondere in Frankreich junge folkbegeisterte Musikerinnen und Musiker nach Wegen, diese Aufbruchstimmung auch stärker in das folkloristische Tanzen einzubringen und nach entsprechenden neuen Formen jenseits etablierter Vorstellungen und Organisationsstrukturen zu suchen. Und das wurde dann nach und nach auch in einigen Nachbarländern begeistert aufgegriffen. Wobei zunächst ganz lange das französische Tanzrepertoire übernommen wurde und erst ganz allmählich auch einzelne Tänze aus anderen Ländern. Allerdings kaum mal aus dem eigenen Land oder aus der eigenen Region.

Am imposantesten ist der jüngste und kräftigste Spross dieser Bewegung, der *Boombal* in Flandern (dem niederländisch sprechenden Teil Belgiens). Wie das? Wie lässt sich das vielleicht erklären? Und was scheint entscheidend für diesen unerwarteten Boom zu sein? (Anmerkung: Der Name des *Boombal* geht nicht auf das englische „Boom" zurück, wie viele vermuten, sondern meint das niederländische Wort Boom = Baum, weil der erste *Boombal* an der Boomstraat – *deutsch: Baumstraße* – in Gent stattfand.)

Ich sehe für den verblüffenden Erfolg des *BalFolk* vor allem folgende Gründe und Hintergründe:

Immer wieder wurde das 20.Jahrhundert als das Jahrhundert der Jugendbewegungen beschrieben, die sich immer in Abgrenzung zu etablierten Mainstreams entwickelten und damit andere junge

Menschen faszinierten. Bewegungen, die imstande waren, ein Ausmaß an Attraktivität und Dynamik unter jungen Menschen zu entfalten, wie sie etablierte Organisationen und Verbände nie zustande bringen könnten. Weil diese solch ein Gefühl autonomer Selbstentfaltung kaum schaffen können und wollen.
Und die internationale *Balfolk*-Bewegung scheint sogar gerade dort die größte Attraktivität für Jugendliche und junge Erwachsene auszustrahlen, wo sie sich am rigidesten von anderen Tanzangeboten abgrenzt und gleichzeitig maximale selbstbestimmte Entfaltung zu versprechen scheint.

Natürlich gibt es immer wieder neue Tanzmoden und Tanzstile. Aber sehr viel einschneidender als das Kommen und Gehen von Tanzmoden war sicher die Entwicklung des Solo-Tanzes zur allgemein gängigsten Tanzform bei Tanzvergnügungen.
Das Solo-Tanzen kam seit Mitte der 1950er mit dem Rock'n Roll auf und wurde unter jungen Menschen sehr schnell zur bei weitem beliebtesten Tanzform. Denn der Solo-Tanz erlaubt es in viel größerem Maße als sämtliche anderen gängigen Tanzrichtungen, sich autonom so zu bewegen. Ohne verbindliche Regeln tanzt und entfaltet man sich so, dass man sich selbst dabei möglichst wohlfühlt und entspannt, die eigenen Bewegungen und die eigene Empfindung der jeweiligen Musik genießen und ausleben kann. Die Kehrseite davon ist allerdings, dass man dafür dann meist auf ein körperlich gefühltes Miteinander bis hin zu erotischen Berührungen verzichtet. Denn beides zusammen schien nicht zu gehen, zumal bei den gängigen, relativ hoch verregelten Paartanzmustern, wie Tanzschulen und Tanzkurse sie beibringen. Die *Balfolk*-Bewegung aber sieht sich, so könnte man hineininterpretieren, herausgefordert, die Vorzüge und Errungenschaften des Solo-Tanzes mit den reizvollen sozialen, emotionalen und erotischen Seiten vom paarweisen Tanzen maximal zu verbinden. Also freie Entfaltung im Miteinander.

Abgesehen vom Solotanz gilt es jedenfalls seit weit mehr als hundert Jahren bei allen Tanzrichtungen als selbstverständlich, dass erst mal ziemliche Lernzeiten anstehen, ehe das Tanzen wirklich Spaß macht. Die *BalFolk*-Bewegung dagegen will den Spaß vom ersten Tanz an, stellt das Tanzvergnügen in den Vordergrund, nicht die Leistung und das Können oder gar die Abstufung in Leistungslevel (wie in konventionellen Tanzschulen.)

Die *BalFolk*-Bewegung hat sich, wenn auch nach Ländern unterschiedlich rigoros, daran gemacht, so ziemlich alles infrage zu stellen oder über Bord zu werfen, ohne das es aus Sicht von Akteuren etablierter Tanzangebote angeblich gar nicht geht.

Im *BalFolk* sind die Musizierenden eindeutig nicht Dienstleister, die den Vorstellungen der Tanzlehrer zu folgen haben (oder immer öfter am liebsten durch 100%-identische Tonaufnahmen ersetzt wurden), sondern gehen mit ihrem Spielen genauso selbstbestimmt, kreativ, spielerisch und improvisierend um wie die Tanzenden mit ihrem Tanzen. Und jede Gruppe spielt anders. Außerdem heute anders als vor einem Jahr. Wie das bei Konzerten ja selbstverständlich ist. (Im *BalFolk* hat denn auch Live-Musik absoluten Vorrang.)

Besonders deutlich erlebt man all das beim *Boombal* (der größten und rigidesten – und erfolgreichsten – *BalFolk*-Richtung bislang). Konkret wird das vor allem in folgenden Praktiken:

- Eine sehr große Offenheit und Vielfalt, wer wie zur jeweiligen Musik tanzt. Man lässt sich vom Rhythmus mitnehmen. Workshops geben Anregungen und Impulse, werden aber weder direkt noch indirekt zur Teilnahmevoraussetzung gemacht.

- Eine Beschränkung auf eine überschaubare Zahl von meist weniger als zehn leichten bis anspruchsvolleren Tänzen, die möglichst mehrfach in einem Konzert vorkommen. Was selbst Neulingen mit etwas Rhythmusgefühl ganz schnell ermöglicht, etliches entspannt mitzutanzen.

- Ein dauernder Wechsel von Paartänzen, Paarmixern sowie Ketten- oder Reihentänzen ohne Partner, der es allen leicht macht, immer wieder einzusteigen und mitzumachen.

- Ein zusätzlich sehr erleichterter Einstieg ins paarweise Tanzen durch zwei immer wiederkehrende einfache Mixer.

- Eine klare Trennung der Einführungsphasen (den Workshops) von den Bällen.

- Eine klare Prägung der Atmosphäre und des Profils des Balls durch tanz- und musikbegeisterte junge und sehr junge Generationen.

- Eine selbstverständliche Offenheit für sehr verschiedene Menschen. Immer wieder wird z.B. lobend erwähnt, dass sich beim Balfolk meist fast alle Generationen begegnen (von 8 bis 80 mindestens). Und wie groß die Bereitschaft ist, Tanzunerfahrene in Tänze mitzunehmen und zu unterstützen (Learning by doing).

- Eine selbstverständliche Praxis, immer wieder auch völlig unbekannte Menschen um einen Tanz zu bitten, auch als Frau ihnen unbekannte Männer (wodurch sich die Angst, „da kenn ich ja keinen" sehr schnell verflüchtigen kann).

- Bemühen um Kontakt untereinander auch bei Kreis- oder Kettentänzen, indem z.B. mehrere Kreise ineinander Blickkontakt zueinander haben oder Ketten in Schlangenlinien, Spiralen u.ä. geführt werden.

- Selbstverständliche Paartänze auch von Hetero-Männern miteinander (und nicht nur von Frauen), sowie bei Mixern immer eine Reihe von Männern, die gerne in die übliche „Frauenposition" gehen.

- Entscheidungen für Tanzpartner gelten typischerweise nur für einen Tanz (was das Risiko von „Körben" erheblich verringert und zudem immens fördert, mit ganz vielen verschiedenen Menschen in Kontakt zu kommen).

- Erleichterung von Partnerwechseln durch größere Pausen zwischen den Tänzen.

- Förderung individueller Entfaltung im Tanz und im möglichst harmonischen Miteinander-Tanzen durch eher längere Musikstücke mit häufiger wechselnden Tempi.

- Unproblematisches Nebeneinander von Live-Musik und Disco, von Kommerz, Professionalität und ehrenamtlichem Engagement.

- Durchgängig locker-entspannte Atmosphäre – und keinerlei auffälliger Alkoholkonsum.

- Und – als Letztes: beim *Boombal* (und allgemein beim *BalFolk*) gibt es kein auffälliges, erst recht kein störendes „Miss"-Verhältnis zwischen den Geschlechtern. Offenbar ist *BalFolk* eines der ganz wenigen Tanzangebote, das für etwa gleich viele Männer wie Frauen attraktiv ist (wovon die allermeisten Tanzangebote ja höchstens träumen können!).

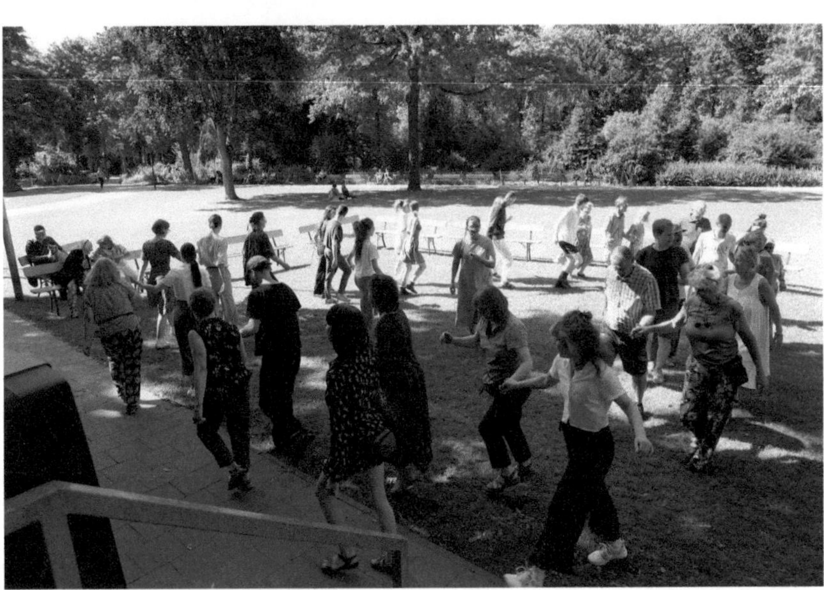

Typische Balfolktänze sind vor allem:

an Paartänzen:
◆ *Schottisch*, 3/4-Walzer
◆ ungerade *Walzer* (5/4; 8/4; 11/4)
◆ (französische) *Mazurka*
◆ (französische) *Polka*
(dabei ist der *Schottisch* offenbar der meistgespielte und die *Mazurka* der beliebteste Tanz, gelegentlich bezeichnet als "*Tango Argentino* des Folk")

an offen getanzten Paartänzen:
◆ *Bourree* (2/4 und 3/8)
◆ **Rondeau en couples**

an immer wieder gespielten Paarmixern:
◆ *Chapelloise* (Beim Boombal *Jig* genannt) und
◆ *Circassian Circle* (auch *Tovercirkel* genannt)

Als Reihen- bzw. Kettentänze:
◆ **Andro**
◆ **Hanterdro**
◆ **Laridee**
(alle bretonisch)

Dazu bringen die meisten Musikgruppen noch den einen oder anderen weiteren Tanz zusätzlich mit ein.

Besonders beliebt sind seit Jahren u.a.:

◆ *Scottish impaire* (ungerader Schottisch),
◆ *Polska* (aus Schweden stammend – aber beim *Boombal* von der großen Mehrheit meist nur als *Promenade* getanzt)
◆ **Bourree d' Auvergne**
◆ **Gavotte de l'Aven**
◆ **Suite de Gavotte**
◆ *Ronde de St. Vincent* und *Tricot* (mit je 8 Takten *Andro* und *Hanterdro* im Wechsel),
◆ gelegentlich auch mal eine *Branle* oder z.B. die relativ spezielle *Bourree* "Grand Poterie"

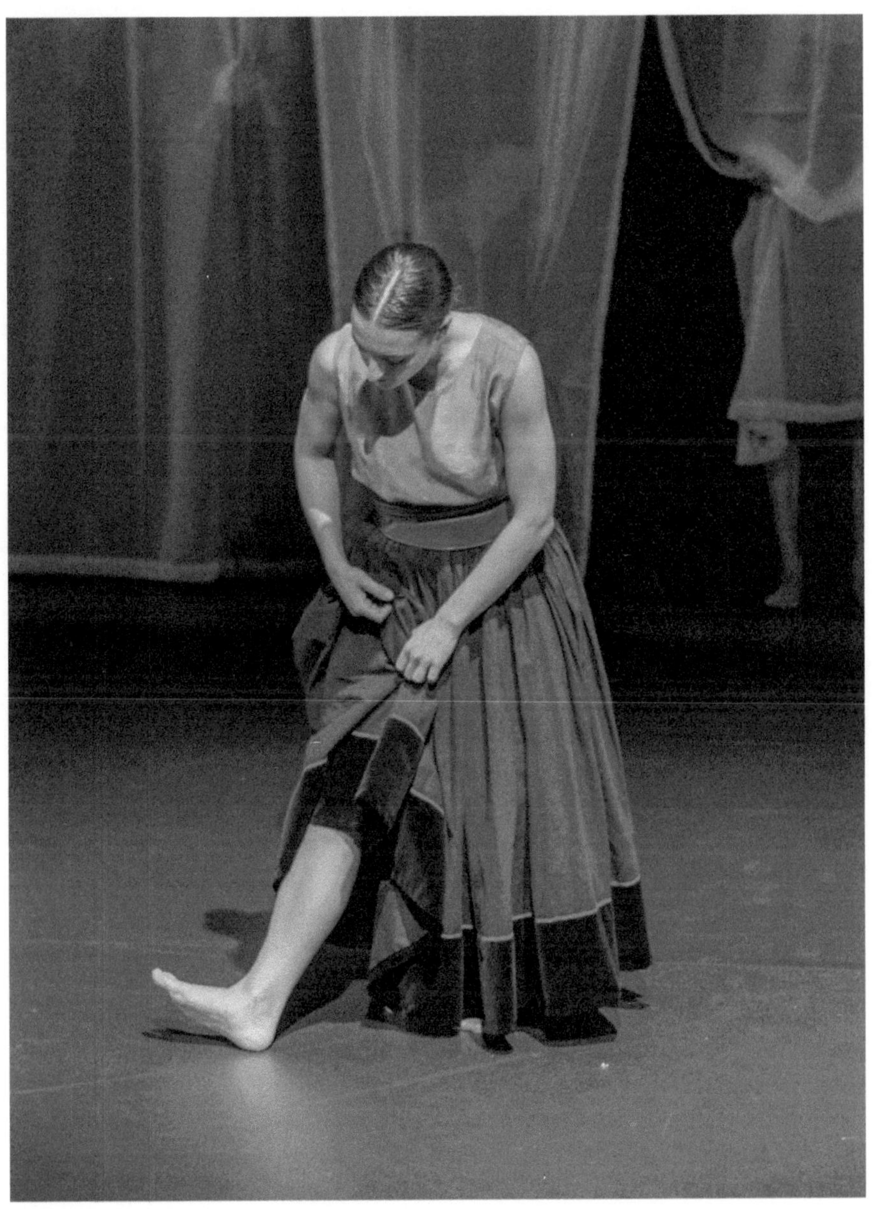

Und was ist mit *BalFolk* in Deutschland:

Viele der hier aufgelisteten Merkmale und Praktiken gelten übrigens in anderen Ländern weit weniger. Und innerhalb Deutschlands oft im Westen noch weniger als im Osten. Das fängt damit an, dass die dominierende Generation im Westen oft schon um 50 oder älter ist. Außerdem ist es in Deutschland oft üblich, *BalFolk* mit gängigen Mustern aus den bislang gewohnten Tanzübungs-veranstaltungen mit internationalen Mitmachtänzen zu mischen: z.B.: dauernde Wechsel zwischen Erklärungen und Tanzen, Vorlieben für ausgefallene oder herausfordernde Tänze, keine Wiederholung von Tänzen am Abend, Paartänze nur bei „passendem" Geschlechterverhältnis, Festhalten beliebter Tanzpartner, Rücksichtnahme auf homophobe Männer oder: Beginn der Musik erst, wenn alle mit Partnern „versorgt" sind.

Und nicht zuletzt: Statt auf Eigenverantwortung selbständiger Menschen zu setzen, sich als Leitung immer wieder verantwortlich für die Integration aller zu fühlen, statt auf Selbstorganisation und Selbstverantwortung zu setzen.

Überhaupt führt die *BalFolk*-Bewegung in Deutschland im Grunde immer noch ein Schattendasein. Nur in wenigen Orten gibt es regelmäßige Veranstaltungen. Und von den wenigen mehrtägigen *BalFolk*-geprägten Festen und Festivals in Deutschland haben selbst die größten meist maximal einige hundert Teilnehmende. Und die sind im Schnitt außerdem auch deutlich älter und weniger offen für neue Entwicklungen als in Nachbarländern. Beides gilt in Westdeutschland noch deutlicher als in Ostdeutschland. Zudem gibt es in Deutschland bislang nur relativ wenige ausgesprochen *BalFolk*-orientierte Musikgruppen. Die meisten Musikgruppen, die in Deutschland zum *BalFolk* spielen, kommen eigentlich aus anderen Musik- und Tanzrichtungen und bieten dann gerne entsprechende Mischungen. Was übrigens ganz ähnlich auch für die Initiatoren von *BalFolk*-Veranstaltungen gilt. Natürlich liegt das nicht zuletzt auch daran, dass sich in Deutschland mit *BalFolk*-Musik fast nichts verdienen lässt.

Trotzdem gibt es in Deutschland immerhin einige Orte, an denen für einige Jahre oder sogar dauerhaft eine beeindruckende *BalFolk*-Szene entstand. Auf dem Gebiet der ehemaligen DDR stechen da insbesondere Leipzig und Berlin heraus, aber auch Orte wie Schwerin, Halle, Erfurt oder Ilmenau. Und in Westdeutschland sind das u.a. Hamburg, Köln/Bonn, Marburg, Frankfurt, Viernheim, Erlangen, Freiburg oder Regensburg. Ich selbst hatte das große Glück, Anfang 2013 auf den *Folkstanzwirbel* in Hamburg zu stoßen, den damals gerade extrem tanzbegeisterte und vielfältig engagierte junge Menschen zwischen 20 und 30 auf die Beine gestellt hatten. Und bei dem es im Wechsel montags entweder *Balfolk* oder internationale Tänze gab. An den *BalFolk*-Abenden waren oft um die 50 Tanzende dabei. Von denen übrigens nur eine Handvoll über 35 war. Und ich habe es ungemein genossen, wie sehr das Profil dieser Gruppe von diesen ganz jungen InitiatorInnen und deren Umfeld geprägt wurde.

Franz Josef Krafeld - 12. Mai 2023

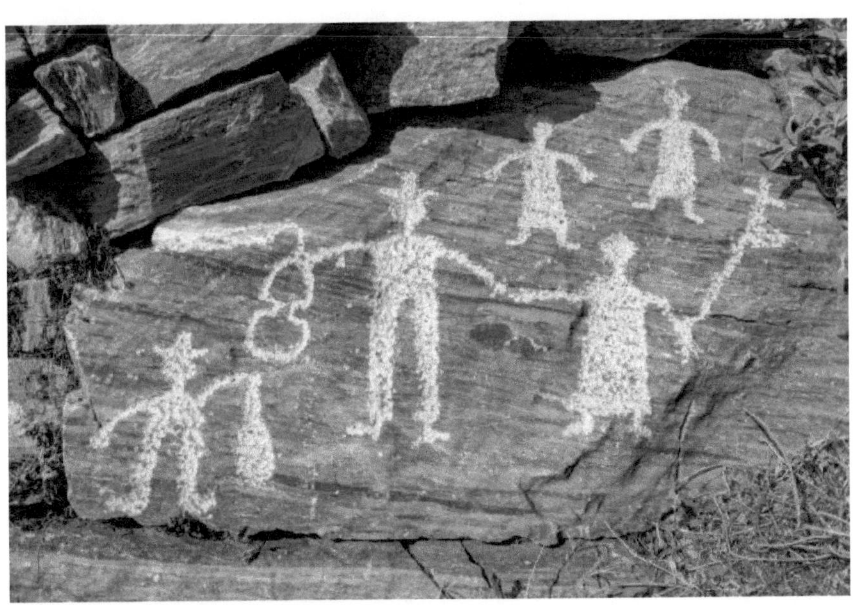

DIE KUNST DES KÖRPERERLEBENS:
TANZ ALS PROPRIOZEPTIVE KUNST

PropArt

Das Sehen und das Hören beherrschen traditionell die Welt der westlichen Kunst: Gemälde und Fotografien einerseits, Musik andererseits und auch audiovisuelle Mischformen wie die Oper, Theater und Film sprechen in allererster Linie diese beiden Sinne an. In den letzten Jahren hat sich jedoch eine faszinierende Entwicklung in der Kunstwelt abgezeichnet: PropArt! – Die Entstehung von Werken, die nicht nur visuelle oder auditive Reize ansprechen, sondern die gezielt den Propriozeptions- und Interozeptionssinn aktivieren.

Propriozeption, Interozeption und der Gleichgewichtssinn

Dabei ist die *Propriozeption* die innere Wahrnehmung unserer Körperbewegungen im Raum, die Lokalisierung unserer Gliedmaßen aus der Innenperspektive, das Empfinden von Muskeldehnung und -anstrengung. *Interozeptiv* empfunden werden Schmerzen, Temperatur, Druck, Energie-, und Stresslevels. Auch der *Gleichgewichtssinn* wird oft im Zusammenhang mit Propriozeption und Interozeption erwähnt. Gemeinsam ermöglicht uns diese Sinnesfamilie die Wahrnehmung unseres eigenen Körpers von innen.

PropArt in Museen

Ein bemerkenswertes Beispiel für ein propriozeptives Kunstwerk, das diese inneren körperlichen Empfindungen anspricht, findet sich in der Kunstsammlung Nordrhein-Westfalen im Düsseldorfer K21: Tomás Saracenos „In Orbit" (2013). Die Installation besteht aus 32 miteinander verbundenen Netzen, die in beträchtlicher Höhe im Atrium des K21 aufgespannt sind. Besucher:innen werden eingeladen, sich in die Installation zu begeben, die verschiedenen Ebenen zu erkunden und die Netze durch ihre eigenen Bewegungen in Schwingung zu versetzen. Das Erleben von „In Orbit" ist keine passive, visuelle Betrachtung; vielmehr wird der eigene Körper zum integralen Bestandteil des Kunstwerks. Der Fokus liegt dabei auf der propriozeptiven und interozeptiven Erfahrung, die den Gleichgewichtssinn und die allgemeine Körper Selbstwahrnehmung aktiviert.

Ein weiteres eindrucksvolles Beispiel stammt von Dana Caspersen, William Forsythe und Joel Ryan. Deren "White Bouncy Castle" — eine gigantische weiße Hüpfburg, die zuerst im Roundhouse London (1997) zu sehen (besser: zu betreten) war — ist seitdem in verschiedenen weiteren Ausstellungshallen präsentiert worden. Auch hier sind Besucher:innen dazu eingeladen, die Installation zu betreten und mit ihr zu interagieren: Sie sollen sich selbst in der Hüpfburg bewegen, nicht bloß Zuschauen! Beschrieben als „Choreographisches Objekt", schafft dieses Kunstwerk einen Raum, in dem es keine passiv Zuschauenden geben soll, sondern aktive, sich selbst spürende Teilnehmende. Die Künstler:innen betonen die Erzeugung ungewohnter propriozeptiver und interozeptiver Empfindungen durch die Interaktion mit dem Kunstwerk. Die tänzerische Perspektive auf die Installation ergibt sich aus Forsythes Hintergrund als Tänzer und Choreograf. Es geht um die bewusste Wahrnehmung des eigenen Körpers und die Schulung der Propriozeption durch Bewegung und Tanz.

Tanz als PropArt

Es liegt nun auf der Hand, neben diesen Werken im Museumskontext eine bestimmte andere Kunstform, den Tanz nämlich, als propriozeptive Kunstform aufzufassen. Ähnlich wie uns die Oper visuell *und* auditiv anspricht, kann Tanz visuell *und* propriozeptiv berühren.

Die New Yorker Philosophin Barbara Montero vertritt beispielsweise die Auffassung, dass man bei der Rezeption von Tanzaufführungen nicht bloß zuschaut, sondern auch propriozeptiv wahrnimmt und erst so die volle ästhetische Qualität der Aufführung erfasst. Das propriozeptive Erleben, das Montero hier im Sinn hat, bleibt jedoch ein passives: Die Zuschauenden stellen sich vor, wie es sich anfühlen würde, die Bewegungen der Tänzer:innen mit ihren eigenen Körpern auszuführen, anstatt die Bewegungen tatsächlich selbst zu vollführen.

Tatsächlich werden nachweislich schon beim bloß zuschauenden Publikum durch Spiegelneuronen Hirnareale aktiviert, die für den Bewegungsapparat der Zuschauenden verantwortlich sind. Es finden also sozusagen Offline-Propriozeptionen statt. Und dennoch bleibt der Tanz, so gesehen, in erster Linie visuell wahrgenommen.

Sind wir allerdings selbst der Tänzer oder die Tänzerin, dann erleben wir uns wesentlich auch propriozeptiv und interozeptiv. Die ästhetische Qualität des Tanzes wird dann (auch) von innen empfunden. Dies gilt im übrigen auch für (asiatische) Kampfkünste (Karate, Taekwon-Do, Kung-Fu), die bei ihren ballettartigen Formläufen (Katas, Hyongs, etc.) essentiellen Wert auf die innere Eigenwahrnehmung legen und nicht selten mit geschlossenen Augen praktiziert werden. Auch Yoga und Tai Chi, oder andere Körpertechniken wie die Feldenkrais-Methode, fokussieren auf die propriozeptive und interozeptive Wahrnehmung des eigenen Körpers.

Hier und beim Tanzen erleben wir Beschleunigungen, Kräfte, Muskelspannung, Dehnung, Druck, Schwerkraft, Drehungen,

Rhythmus, etc. Viele Faktoren, darunter Präzision, Geschwindigkeit, die angemessene Kinematik, werden intern initiiert, kontrolliert, korrigiert. Nicht jeder Tanz gelingt, und als Übende müssen wir die Bewegungen mit der richtigen Eigendynamik erst erlernen. Doch wie eine Violinistin hört, wann ihr Spiel richtig ist, so spüren Tänzer:innen mit Übung selbst, innerlich, propriozeptiv, wann die Bewegungen stimmig sind. Und wenn wir, ähnlich wie die Musikerin ihr Stück auf ihrem Instrument spielt, unsere Körper gut 'spielen', dann werden wir mit 'harmonischen' Propriozeptionen belohnt. Dann ist das ästhetische Vergnügen am größten.

Eine neue Perspektive

Wittgenstein schreibt in seinen Philosophischen Untersuchungen: "Die für uns wichtigsten Aspekte der Dinge sind durch ihre Einfachheit und Alltäglichkeit verborgen. (Man kann es nicht bemerken, - weil man es immer vor Augen hat.)"

Durch die bewusste Aktivierung all unserer Sinne, insbesondere der Körper-Innenwahrnehmung, eröffnen sich neue Dimensionen der künstlerischen Erfahrung. Tanz bleibt nicht bloß visuell dargestellte Bewegung, sondern er ist, als aktiv praktizierter Tanz, eine Kunstform, die die innere Wahrnehmung des eigenen Körpers ästhetisch in den Fokus rückt und schult.

Die Erfahrung von Kunstwerken, die gezielt den Propriozeptions-und Interozeptionssinn aktivieren, erweitert unseren Horizont und verändert die Art und Weise, wie wir Kunst und uns selbst als körperliche Wesen erleben.

Prof. Markus Schrenk
Heinrich-Heine-Universität, Düsseldorf
schrenk@hhu.de

Weiterlesen und -sehen:

Montero, B. (2006) Proprioception as an Aesthetic Sense. *The Journal of Aesthetics and Art Criticism, 64* (2), 231–342.
Benovsky, J. (2021) The Limits of Art. On Borderline Cases of Artworks and their Aesthetic Properties. Heidelberg/Berlin: Springer.

Bödeker, T. (2020) *Sensorische Deprivation, w/k - Zwischen Wissenschaft & Kunst.* Zugriff am 21.07.2022. Verfügbar unter https://wissenschaft-kunst.de/sensorische-deprivation/

PropArt (o. D.) *Proprioceptive Artists* - Proprioceptive Art.* Zugriff am 21.07.2022. Verfügbar unter https://proprioceptive.art/proprioceptive-artists/

Schrenk, M. (2014) Is Proprioceptive Art Possible? In G. Priest & D. Young (Hrsg.), Philosophy and the Martial Arts (S. 101–116). London & New York: Routledge.

Schrenk, M. (2019, Januar) Was ist propriozeptive Kunst? Neujahrsempfang der Rektorin der Heinrich-Heine-Universität. Vortragsvideo verfügbar unter https://www.youtube.com/watch?v=qzCkFW4yWyw

Schrenk, M. (2022, März) Is Proprioceptive Art possible?, Düsseldorf. Vortragsvideo verfügbar unter https://youtu.be/cgN1zmA4c9w?t=478

Sacks, O. (1985/2023) Der Mann, der seine Frau mit einem Hut verwechselte (Hier: Kapitel 3, Die körperlose Frau), Hamburg: Rowohlt.

Studio Tomás Saraceno (o. D.) *In Orbit.* Zugriff am 05.10.2022. Verfügbar unter https://studiotomassaraceno.org/in-orbit/

Williamforsythe.com (o. D.a) William Forsythe *Choreographic Objects - White Bouncy Castle.* Zugriff am 26.07.2022. Verfügbar unter https://www.williamforsythe.com/installations.html&no_cache=1&detail=1&uid=30

Wittgenstein, L. (1953/2003) Philosophische Untersuchungen (Hier: §129), Frankfurt: Suhrkamp Verlag (9. Auflage)

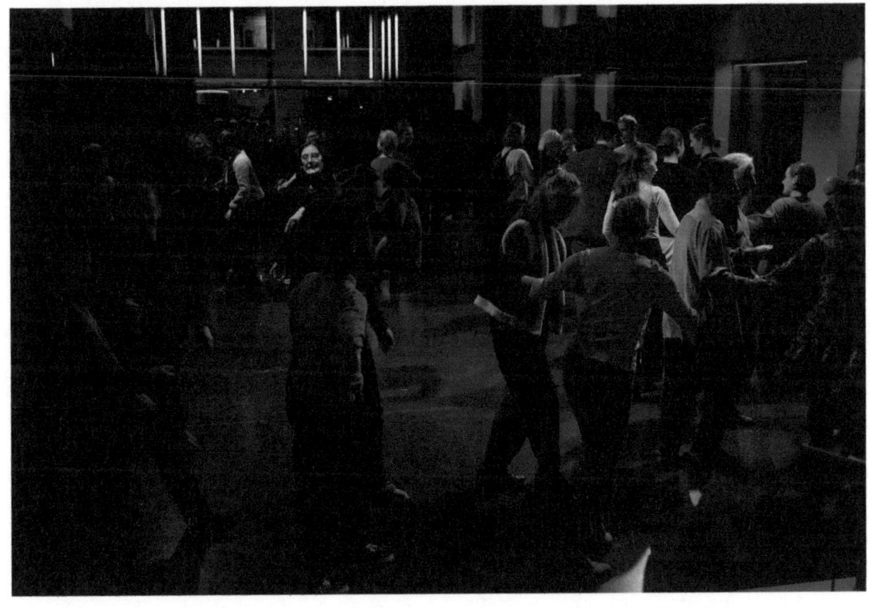

HEFTIGE HALTUNGSARBEIT

Mit Folklore und einer Entgiftung des Erbes befassen sich Johanna-Yasirra Kluhs und Betty Schiel in „Folksy Feelings".

„Ich weiß, dass ich diese deutsche Volksmusik nicht spielen kann und werde." Mit dieser Aussage der Musikerin Gunda Gottschalk bei einem Workshop auf *PACT Zollverein* begann für Johanna-Yasirra Kluhs und Betty Schiel eine vertiefte Arbeit an der Folklore. Auch wenn Fragen der Tradition die beiden Kuratorinnen schon länger begleiten: Mit dem Erbe im Kontext zweier deutscher Staaten befassten sie sich stetig erst im Rahmen der Ost-West-AG, die sie als die Künste übergreifende Forschungsgruppe mit den Künstlerinnen Eva Lochner und Tanja Krone 2020 gegründet haben. Ausgehend von den Biografien der Mitglieder erschließen sie sich Diskurse und stellen höchst aktuelle Fragen. Zum Beispiel: Wer beansprucht die Tradition für sich und aus welchen Motiven?

Von Diktaturen kontaminiert

Folklore, ob in Tanz oder Musik, ist in Deutschland vom Faschismus kontaminiert. Für die Nationalsozialisten waren Volkslieder und -tänze ein Mittel, um Gemeinschaft zu stiften. In der DDR hat sich das aus Sicht mancher in veränderter politischer Ausrichtung fortgesetzt. Doch das ist für Kluhs und Schiel weniger ein Thema als die Dynamik der (Aus-)Schließung, die alle toxisch wirkenden Traditionen prägt: An der Gemeinschaft darf nur teilhaben, wer bestimmten Merkmalen entspricht – und diese sind meist nationalistisch oder rassistisch. „Das war und ist die Pervertierung: dass der geschlossene Körper eine Ideologie und Genealogie mit einem Territorium verbindet", sagt Johanna-Yasirra Kluhs. Für Betty Schiel hat die Forschung am Erbe daher eine aktivistische

Dimension: „Ich kann es nicht zulassen, dass wir unser folkoristisches Erbe Neo-Faschisten überlassen, die eine erfundene Narration produzieren von einer heilen Welt und Tradition, die es nie gegeben hat.“

Ihre Recherchen zum Thema bündelten die Dramaturgin Johanna-Yasirra Kluhs und die Filmkuratorin Betty Schiel im März und April 2023 mit einer Residenzförderung im Programm *#TakeHeart* des *Fonds Darstellende Künste* auf *PACT Zollverein*. Ein zentrales Anliegen des „Folksy Feelings“ betitelten Projekts war und ist die Reappropriation, eine Wiederaneignung der Folklore unter anderen Vorzeichen: „Die Sehnsucht nach gemeinsamem Tanzen und Singen ist stark, aber ich bin abgeschnitten von einer eigenen Folklore-Tradition“, so Betty Schiel. Neue Anschlüsse zu suchen, war das Ziel: „Kann man lokale Wissensbestände, die den Körper betreffen, jenseits von Nationalismen denken?“, formuliert Johanna-Yasirra Kluhs die wichtigste Forschungsfrage. Vorarbeiten gab es bereits; in unterschiedlichen Formaten setzen sich Betty Schiel und Johanna-Yasirra Kluhs gemeinsam und mit anderen aus ihren diversen künstlerischen Gruppierungen seit vier Jahren mit dem Thema Erbe auseinander.

Singen mit den Ahnen

Im März 2023 luden sie in Frankfurt am Main mit der Ost-West-AG zu einem performativen Dinner mit Musik und Grüner Soße. Die Gäste wurden gebeten, ein musikalisches Erbe mitzubringen. Gemeinsam mit den Teilnehmer*innen sang Betty Schiel etwa ein Lied aus dem „Zupfgeigenhansl“. Diese Liedersammlung aus den 1910er Jahren war prägend auch für die ursprünglich freiheitlich motivierte, aber 1933 in die Hitlerjugend eingegliederte Jugendbewegung des *Wandervogels*. „Mein Verhältnis zu dieser Sammlung ist gestört, sie geistert durch meine Familie“, erzählt Schiel. Ihre Großeltern waren seit den 1920er Jahren Teil der katholischen Jugendorganisation *Quickborn* gewesen. „Ich habe versucht herauszufinden, ob es Bezüge zu faschistischem Gedankengut auch in der Bewegung gab, die Volkstänze und -lieder

pflegte und 1939 von der Gestapo verboten wurde." Sie ging in
Archive, durchkämmte das Internet und korrespondierte mit einer
Tante in den USA, deren Vater bis zum Krieg Vorsitzender von
Quickborn war. „In den Erzählungen meiner Tante und auch meinen
Recherchen überwiegt der revolutionäre und selbstbestimmte Ansatz.
Aber es gibt doch den ständig pochenden Verdacht, dass es auch
sozial-romantische und völkische Anteile in dieser Jugendbewegung
gegeben haben muss", bilanziert Schiel ihre Recherchen und
ergänzt: „Für mich bildet nicht der Wunsch nach einer heilen
Vergangenheit Potenzial für eine gute Gegenwart, sondern der
bewusste Umgang mit Brüchen und Uneindeutigkeiten."

Das von Betty Schiel für das Begleitprogramm zu Caro Creutzburgs
Installation "wabe [] ost" im Atelier Frankfurt ausgewählte Lied aus
der Sammlung hatten ihre Großeltern gesungen, sie selbst war damit
nicht vertraut. „Zwischen mir, meinen Eltern und Großeltern wurde
die generationsübergreifende Überlieferung durchgeschnitten", so
Schiel. Zwei ältere Damen, die an der Veranstaltung teilnahmen,
kannten das Lied jedoch und trugen die Gruppe über die
Unsicherheit hinweg: „Die beiden waren echt dabei. Ich hatte das
Gefühl, jetzt ist meine Oma im Raum und wir singen mit den Ahnen.
Das war eine rührende Erfahrung und ein kleines Happy End für
dieses mit Vorbehalten behaftete Liederbuch."

Neues schaffen aus Belastetem

Getilgt sind die Vorbehalte mit einer berührenden Erfahrung aber
natürlich nicht, sagt Schiel. Neben den transgenerationellen
Aspekten, die eine Arbeit am toxischen Erbe aufruft, werde man als
Künstlerin immer auch auf europäische und koloniale Geschichte
zurückgeworfen. Auch hier setzte „Folksy Feelings" an: Bei einer
offenen Probe des Transnationalen Ensembles *Labsa*, dem sie
angehört, sollten die Teilnehmenden einen traditionellen Tanz
mitbringen. „,Können wir diese Tänze gemeinsam lernen?', haben
wir gefragt. In einer Montage aus unterschiedlichen Folklore-
Elementen haben wir unsere eigene Tradition erfunden", erzählt die
Kuratorin und Künstlerin. „Der transnationale Ansatz hat mich sehr

hoffnungsvoll gestimmt. Wenn man ein queerendes Element
einbringt, als positiv wirkenden Störfaktor, eignet sich folkloristisches
Material kaum mehr für Faschismus." Und die gemeinsamen
Erlebnisse als Gruppe können über traumatische Erfahrungen
hinwegtragen, auch das haben Betty Schiel und Johanna-Yasirra
Kluhs erfahren.

Bei Johanna-Yasirra Kluhs ist die Erfahrung mit Folklore persönlich
noch einmal anders konnotiert – deutsch-spanisch. „Bist Du
Spanierin, kannst Du Flamenco tanzen", benennt sie eine stereotype
Vorannahme, der sie als in Deutschland aufgewachsene spanische
Staatsbürgerin immer wieder begegnet. „In meiner Kindheit habe ich
es geliebt, diese Flamenco-Kleider anzuziehen und mir in diesem
Kostüm vorzustellen, dass ich das tanzen könnte." Ein befremdliches
Gefühl, erinnert sie. Vor allen Dingen später, als sie verstand, dass
die Umwertung des Flamenco in einen vermarktbaren Nationaltanz
eine kulturpolitische Strategie des national-katholizistischen Regimes
unter Francisco Franco gewesen war. Über den Dokumentarfilm
„Gurumbe" stieß Kluhs in ihren Recherchen dann darauf, dass sich
der Flamenco eigentlich aus einer Begegnung zwischen Sklav*innen
aus Westafrika und Rom*nja, die Bewegungen aus dem indischen
Tanzstil Kathak mitbrachten, im Süden Spaniens entwickelte. Als
Nationaltanz eignete sich der diktatorische Staat also eine
Ausdrucksform der Marginalisierten an – für Kluhs erneut „eine totale
Pervertierung".

Brüchige Geschichten prägen uns

Aus der Kenntnis dieser und vieler ähnlicher Vorgänge beziehen
Kluhs und Schiel ihre von Spannungen geprägten „Folksy Feelings":
„Bei dem Gedanken an Volkslieder, Volkstänze und Trachten macht
sich oft ein ‚muddy feeling' breit", heißt es in ihrer Projektskizze.
Man kann und will diese Noten nicht singen, diese Schritte nicht
tanzen – und dann reißen sie einen plötzlich doch mit. Ähnliche
Ambivalenzen prägen auch die Erzählungen, die die Künstlerinnen
gesammelt haben: „Wir haben ein unglaubliches Konglomerat von
Familien- und Nationalgeschichten, aus Ost und West, von Bulgarien

bis Kamerun", sagt Betty Schiel. „Uns interessiert es, diese Geschichten nochmal aufzusprengen und zu fragen, wie können wir das anwenden?", ergänzt Kluhs. „Wir alle haben brüchige Identitäten und brüchiges Wissen. Könnte genau diese Brüchigkeit ein Anlass sein, sich zu versammeln und sich gemeinsam zu bewegen?" Die von Gewalt geprägte Geschichte darf nicht dazu führen, dass die Idee von Zusammenkunft und Gemeinschaft von Populist*innen vereinnahmt wird, sagen beide – das ist die zivilgesellschaftlich so relevante Idee hinter „Folksy Feelings".

Unter dieser Prämisse entstanden im Frühjahr 2023, getragen von der *#TakeHeart*-Residenz und lose verbunden mit *PACT Zollverein*, zwei Monate lang Probennotate und performative Ansätze, die in weitere Arbeiten von Johanna-Yasirra Kluhs und Betty Schiel einfließen werden. Öffentlich präsentiert haben sie ihr „Folksy Feelings"-Material bislang nicht. Aber es hat sich in dem Prozess ihr ethisches Ideal weiter gefestigt, das als stets herausfordernder Imperativ künstlerischer Kooperation gelten darf: „Es bleibt in jedem Kontext immer die Aufgabe, einen stabilen, tragfähigen Rahmen für alle Beteiligten zu schaffen, ohne dass Dinge autoritär oder absolut werden", so Kluhs. „Das sind sehr situationsspezifische, kontextabhängige Aushandlungsprozesse, die stattfinden müssen." Als privilegierte weiße Person gelte es besonders, zurückzutreten und zuzuhören. „Wir sind nicht automatisch autorisiert, uns allem zuzuwenden – es braucht für manche Sachen eine Einladung." Gastgeber*innenschaft war das Stichwort, auch im Austausch mit den Näherinnen des *Amen Juvlja Mundial Kollektivs*, mit dem Betty Schiel und die Gruppe *Labsa* kooperieren. Wann fühlt sich jemand eingeladen, sich zu beteiligen oder gar selbst eine Einladung auszusprechen? „Wir sind sozialisiert, uns alles verfügbar zu machen", sagt Kluhs. „Aber es gibt Dinge, die einem eröffnet werden müssen." Und das ist, so ihr Fazit: „heftige Haltungsarbeit". Um das Erbe zu entgiften und zeitgemäße, offene Gemeinschaften zu stiften. Die Arbeit geht weiter.

Elena Philipp

- Von der Förderung in den Probenraum und auf die Bühne – die Kulturjournalist*innen Georg Kasch und Elena Philipp besuchten im Rahmen von *#TakeHeart* des *Fonds Darstellende Künste* geförderte Projekte. Ihr Gespräch mit Johanna-Yasirra Kluhs und Betty Schiel über „Folksy Feelings" fasste Elena Philipp in dem im August 2023 auf *www.fonds-daku.de* veröffentlichten Artikel „Heftige Haltungsarbeit" zusammen.

- Der Artikel steht auch unter folgendem Link bereit: https://www.fonds-daku.de/blog/heftige-haltungsarbeit/

KATARINA KLEINSCHMIDT

Recherche tanzwissenschaftlicher Literatur

Patrick Primavesi, Juliane Raschel, Theresa Jacobs, Michael Wehren: ***Körperpolitik in der DDR. Tanzinstitutionen zwischen Eliteförderung, Volkskunst und Massenkultur***, In: *Denkströme. Journal der Sächsischen Akademie der Wissenschaften*, Heft 14, 2015, S. 9-44.
Online unter: http://www.denkstroeme.de/heft-14/ s_9-44_primavesi-raschel-jacobs-wehren

- spannend zur Komplexität in Bezug auf institutionelle Organisation. Allerdings nicht einfach übertragbar auf das Phänomen Rheinländischer Volkstanz, da ja eher ein Nischenphänomen

Walsdorf, Hanna: ***Performative Lernkulturen. Ritual – Tanz – Theater*** (Dokumentation des Symposiums der Teilprojekte B7 und A4 des SFB 619 Ritualdynamik im Internationalen Wissenschaftsforum der Universität Heidelberg, 10.–12. Oktober 2012), Wiesbaden 2016 (hrsg. mit Karin Polit).

→ Rezension von Edith Wolf Perez auf
http://www.tanz.at/index.php/verlegt/buecher/1850-performative-lernkulturen-im-ritual-tanz-und-theater
(07.09.2017).

Dies.: **Deutsche Nationalmusik? Ein diskursgeschichtlicher Annäherungsversuch,** in: Matthew Gardner/Hanna Walsdorf (Hrsg.): *Musik – Politik – Identität* (Freie Referate des 15. Internationalen Kongresses der Gesellschaft für Musikforschung, Bd. 3), Göttingen 2016, S. 11–28.

Dies: **Traditionen: Volk tanzt Folk. Schwofen mit der Masse** [Das Tanzfest Rudolstadt 1955–2012], in: *tanz. Zeitschrift für Ballett, Tanz und Performance,* Juli 2012, S. 54–57.
Dies.: **Volkstanz + Nationaltänze**, In: Hartmann, Annette/ Woitas, Monika: *Das große Tanz-Lexikon,* Laaber 2016.

Stücke (Zeitgenössischer Tanz zu Volkstanz)

Trachtenbummler (UA 2013)
Eine Produktion von Jochen Roller und *DepArtment*
in Koproduktion mit *Theater Freiburg* und *SOPHIENSÆLE.*

https://www.nachtkritik.de/index.php?
option=com_content&view=article&id=8441:trachtenbummler-
jochen-roller-sampelt-deutsche-volkstaenze-mit-weltmusik-bei-tanz-im-
august-in-berlin&catid=465:tanz-im-august-berlin&Itemid=40

Magyar Tàncok (2005)
(*Hungarian Dances*)
von Eszter Salamon
https://esztersalamon.net/Magyar-Tancok

Volkstanzen heute (2013)
von Heike Hennig
vgl.https://www.heikehennig.de/produktionen/volkstanzen-heute
und
https://vimeo.com/77504897

GISELA FISCHER

...un wann op Pingsten Kärmse is, dann danz ek blos mit di...

Eigentlich ist es widersinnig, für so etwas Bodenständiges wie Volkstanz weit fahren zu müssen, um dann Tänze zu tanzen, die von noch viel weiter weg zu uns gereist sind.

Frankreich ist ja noch nebenan - Israel, der Balkan, Griechenland, Russland und Argentinien sind schon weiter weg.

Deshalb habe ich mich, auch inspiriert durch die Deutsch-Folk-Bewegung, daran gemacht, nach den heimischen Wurzeln zu graben.

Meine archäologischen Bemühungen waren erfolgreich: Ich weiß jetzt, was und wo bei uns am Ort vor dem Ersten Weltkrieg getanzt wurde (Mazurka, Rheinländer, Polka, Schieber, Polonaise, Quadrille). Die Originalstücke habe ich zwar nicht - dafür aber gleich zwei Quellen mit Tänzen und Liedern auf platt aus dem Münsterland, und eine Expertin für Lokalkultur. Sie ist in Wetter/Ruhr aufgewachsen, hat die lokale Sprache von den Großeltern gelernt und von denen eben auch eine Menge von der Vorkriegskultur erfahren. Außerdem gibt es dank des Heimatvereins noch mehr Menschen, die anfangen, sich für die lokale Sprache zu interessieren.

Mein Plan ist, das Gleiche zu machen wie die Franzosen in den 1970er Jahren: Das Vorhandene erlernen, es sich durch Gebrauch weiterentwickeln lassen, und dadurch wieder die Möglichkeit einer breit aufgestellten, grundlegenden lokalen Musik-Kommunikation zu schaffen. In meinen Augen ist das weit mehr als ein exklusives Hobby - es ist eine gesellschaftliche Grundlage, auf der sehr viele Menschen jeden Alters Musik als lebendigen Teil des eigenen Lebens erfahren können. Auch eine Grundlage, aus der heraus klassische

Musik ganz anders verständlich wird, weil sie oft Volksmusik zitiert, ohne dass wir das erkennen. Ein dauerhafter Schlüssel für gelingendes Miteinander.

Deshalb haben wir (Thomas Otto/ Gitarre und ich/Geige) die Band "Kaukenhärt" (sprich: Kaukenhart=Lebkuchenherz) gegründet. *Kaukenhärt* ist eine Mitspiel-Band. Sie besteht aus einem Repertoire von 10 Stücken, zur Hälfte lokales Repertoire, zur anderen Hälfte *Bal Folk* Standards, die so einfach sind, dass man an diesen Beispielen leicht das "Spielen" mit Musik ohne Noten lernen kann. Erfahrungsgemäß fällt das oft schwer, wenn man bisher ausschließlich mit Noten gespielt hat. Nicht-Musiker erreicht man ohne Noten oft direkter.

- Folklore ist die Präsentation zu Konsumzwecken von einer Form, die ihren sozialen Inhalt schon verloren hat. Sie ist sozusagen das Gegenteil von *Bal Folk*, der seinen Sinn durch das Tun und nicht durch das Anschauen oder Repräsentieren erhält. Deutsche Begriffe dafür sind immer schwierig. Letztlich muss man "Volkstanz" entstauben, oder man verwendet "traditionellen Tanz/Musik"

- Ich kenne einige „Handwerkstänze". Ich halte sie nicht für das, was Gemeinschaften für sich selbst getanzt haben. Dafür sind sie irgendwie zu pädagogisch. Auch wenn erzählt wird, dass man mit bretonischen Tänzen den Lehmboden festgestampft hat, müssen diese Tänze sich in erster Linie in der Gruppe gut anfühlen, Landschaft und Witterung angepasst sein (enge Fassung braucht man in kalten Ländern), und eine Einheit mit der Musik bilden. In unserer Gegend wurden in den Dörfern *Mazurka, Rheinländer, Schieber, Polka, Quadrille* und Polonaise getanzt. Alles Paartänze, sozusagen dörfliche Gesellschaftstänze. Davor wird es ganz sicher auch Kreis- und Reihentänze gegeben haben - Balladentänze im weitesten Sinne.

- Für den Bruch in der Tanz- und Musikkultur halte ich den Ersten Weltkrieg, im Ruhrgebiet die Inflation, die Industrialisierung mit lauten Maschinen, und generell die Verbreitung von Tonträgern viel ausschlaggebender als Nazideutschland. Bei uns im Dorf wurde schon in den 1920er Jahren nicht mehr getanzt. Es hielten auch schon zu Beginn des 20. Jahrhunderts amerikanische Tänze und Musik Einzug.

- Die Erinnerung an das Tanzen war aber in den 1920er/30er Jahren noch da, an anderen Orten vielleicht auch noch das Tanzen selber. An diese Erinnerungen ließe sich anknüpfen.

Der Gedanke, dass Kultur Identität stiftet und stärkt, war ja auch richtig. Nur lässt sich Volkskultur nicht von oben etablieren, weil das nicht ihrem Wesen entspricht. Man kann als Obrigkeit nur dulden, dass sie sich entwickelt.

Ich vermute, dass die schwächer erhaltene/weniger wertgeschätzte Volkskultur in Preußen mit einem starken Bildungsbürgertum oder einer "von oben herab Mentalität" zu tun hat. Wir Deutschen haben Beethoven, Bach, Brahms, Goethe, Schiller, Kant, Schlegel. Zur deutschen Mentalität gehört es anscheinend, es "richtig" nach einem äußeren Bewertungsmaßstab machen zu wollen, und das "nicht richtige" für minderwertig zu halten. Mit der Verbreitung von Handys in den letzten Winkel hat sich daran nur geändert, dass das jetzt alle anderen auch so machen. Die Iren bewundern unsere Opern und denken, dass wir jede Woche in die Oper gehen.

Die schwedische Hofkapelle war "zu schlecht", um die Werke des Hofkomponisten spielen zu können. Dafür konnten sie aber wahrscheinlich nächtelang zum Tanz aufspielen.

Genau deshalb ist Bal Folk ein sehr sensibles Gut. Es kann kaputt gehen, wenn man Tonträger benutzt, und auch, wenn man während des Balls Tänze anleitet. Damit Bal Folk funktioniert, braucht man genug Menschen, die genug Tänze können, so dass die anderen Mittanzen können.

Nachtrag: Vivien Zeller und die *Tradtöchter* sind aktuell meiner Meinung nach die beste Referenz für traditionelle Musik und Tänze in "Preußen". Zeller hat Archive besucht und Quellen ausgewertet und macht diese durch Transkriptionen zugänglich. Man findet sie bestimmt im Netz. Ebenso Merit Zloch und Matthias Branschke.

Es gibt noch den *Profolk e.V.* mit der Vorsitzenden Peggy Luck, der Deutschfolk sehr aktiv nach vorne bringt. Die hatten z.B. auch schon Kontakt zum Deutschen Musikrat, mit dem Hinweis, dass man unsere klassische Musik ganz anders verstehen kann, wenn man die Volksmusik der Zeit kennt. Logischerweise waren die Komponisten geprägt durch ihre Klangeindrücke, und die waren eben zu einem wesentlichen Teil seinerzeit Volksmusik.

Seitdem ich die deutschen Quellen kenne, beschreibe ich das Verhältnis wie zwischen Original und Gemälde. Man kann auch aus Van Goghs Sonnenblumen rekonstruieren, wie eine Sonnenblume aussah. Es schmälert nicht den Wert seines Gemäldes, sondern vertieft das Verständnis, zu wissen, was er da gemalt hat.

Volksmusik spielen ist wie eine lebendige Sprache lernen. Man lernt Vokabeln und Grammatik, verständigt sich anfangs mit Händen und Füßen und kann sich später flüssig unterhalten. Musikunterricht vermittelt aber Musik häufig wie eine tote Sprache: Man lernt, etwas, was jemand anderes aufgeschrieben hat, möglichst gut vorzulesen. Da die Zuhörer aber inzwischen quasi musikalische Analphabeten sind, können sie das Vorgelesene manchmal gar nicht verstehen. Es ist zu abstrakt, die direkte Ansprache fehlt, die Grammatik ist zu komplex. Klassische Musik ist so verständlich wie ein Text von Goethe im Einsteigerkurs „Deutsch für Ausländer". Nach Gehör gelernte Musik mit einfachen Strukturen, dafür aber mit echter - nicht arrangierter - Interaktion ist lustig und spannend. Da kann man verstehen, worum es geht - nämlich um so elementare Kommunikation wie Versteck-Guckguck- und Nachlaufspiele. Der Gedanke wird von musikalischen Laien sofort verstanden. Von klassischen Musikern eher nicht.

TAGEBUCH

Datum	Aktion	Ort
JANUAR		
08.01.2023	Listen und Links erstellen	TdK-Büro
14.01.2023	Auswahl Tänze und Musiken aus *Dancilla*	Homeoffice
15.01.2023	*Dancilla* Ausbeute zusammenstellen	TdK-Büro
17.01.2023	Offenes Tanzen	Gütersloh
FEBRUAR		
13.02.2023	Suchen von Stilvorlagen für Popmusiker	TdK-Büro
15.02.2023	Recherche Volkstanzgruppen in NRW	Homeoffice
16.02.2023	*DTV* Website auswerten Webseiten-Recherche	Homeoffice
17.02.2023	Bücher studieren Gespräche mit Tänzerinnen Workshop Volkstanz Mönchengladbach	TdK-Büro
21.02.2023	Workshop *Heimatlieder*	Tonhalle Düsseldorf
28.02.2023	Workshop *Heimatlieder*	Tonhalle Düsseldorf
MÄRZ		
09.03.2023	Füllung *DropBox* und e-Book-Entwürfe an den Grafiker Ernst Merheim	TdK-Büro
14.03.2023	Workshop *Heimatlieder*	Tonhalle Düsseldorf
15.03.2023	Bestellung Bücher und LP	
21.03.2023	Workshop *Heimatlieder*	Tonhalle Düsseldorf

Datum	Tätigkeit	Ort
24.03.2023	Offenes Tanzen	Düsseldorf Rath
25.03.2023	Workshop *Heimatlieder*	Tonhalle Düsseldorf
26.03.2023	Konzert *Heimatlieder*	Tonhalle Düsseldorf
08.03.2023	Workshoptag zu Volkstänzen in Norwegen	TdK-Probenstudio
APRIL		
06.04.2023	Videos sichten Sichtungen Essay-Proben	TdK-Büro
08.04.2023	Besprechung Probentag Präsentation Workshop-Miniaturen Norwegische Folktänze	TdK-Probenstudio
13.04.2023	Kontaktaufnahme zu Franz-Josef Krafeld, Frau Scharnowski und Frau Schier Pressemappe Palimsest zusammenstellen	TdK-Büro
13.04.2023	Offenes Tanzen	Düsseldorf-Wersten
19.04.2023	Noten,Texte und MIDI suchen und speichern	Homeoffice
20.04.2023	Siebdrucktests zum „Palimpsest" (mögliches Bühnenbild) Vorlage Siebdruck bearbeiten	TdK-Werkstatt
26.04.2023	Druckvorlage für den Grafiker Ernst Merheim Antwort an F.J. Krafeld Fotolack auf Bildvorlagen auftragen (Bühnenbild-Versuche)	TdK-Büro
27.04.2023	Recherche und Mails an F.J. Krafeld und Frau Walsdorf empfohlene Websites recherchieren und Kontaktpersonen schreiben	TdK-Büro

28.04.2023	Tonstudioaufnahmen Vereinbaren mit Julian de Vries	TdK-Büro
29.04.2023	Offenes Tanzen NRW Telefonat mit F.J. Krafeld und Gesprächsprotokoll verfassen und mailen	Düsseldorf-Vennhausen
MAI		
04.05.2023	Zoom mit Katharina Kleinschmidt Brainstorming mit Catarina Di Fiore zu Kostümen Lesen Broschüre „Rheinische Volkstänze"	TdK-Büro
05.05.2023	Überarbeiten Projekttexte und Pressemeldung Mail an den Flötisten Jens Barabasch	TdK-Büro
08.05.2023	Liste für Musiker zusammenstellen Anfrage Tanzarchiv Köln	TdK-Büro
09.05.2023	Musikversuche mit MIDI	Homeoffice
13.05.2023	Musikprobe mit Jens Barabsch	TdK-Probenstudio
16.05.2023	Siebdrucke Abholung (Bühnenbild)	FH-Dortmund
19.05.2023	Studioaufnahmen Akkordeon mit Julian de Vries	Studio Sprachlabor Düsseldorf
20.05.2023	*Sommerbordunale*	Rheurdt
27.05.2023	Akkordeon-Bearbeitungen	Homeoffice
28.05.2023	BalFolk Veranstaltung Editing Akkordeon	Lutherkirche Köln
29.05.2023	Editing Akkordeon	Homeoffice
30.05.2023	Editing Akkordeon	Homeoffice

Datum	Tätigkeit	Ort
31.05.2023	Editing Akkordeon Test Bild-Restaurierungen Mails wg. Text von F.J. Krafeld Lesen Websites / Layout e-book	Homeoffice
01.06.2023	Tanzarchiv Recherche	Köln
03.06.2023	Besuch des *Kokenhart* Konzerts	Wetter
06.06.2023	Beginn der ersten Recherche-Probenwoche	TdK-Probenstudio
07.06.2023	Workshop mit Frau Grüne-Glattki (Köln): *BalFolk*-Tänze	TdK-Probenstudio
10.06.2023	Workshop mit Frau Halbekann (Düsseldorf): Traditionelle Tänze aus dem Rheinland und Westfalen	TdK-Probenstudio
13.06.2023	Beginn der zweiten Recherche-Probenwoche	TdK-Probenstudio
18.06.2023	Besuch einer *BalFolk*-Veranstaltung	Vaals (NL)
20.06.2023	Beginn der dritten Recherche-Probenwoche	TdK-Probenstudio
21.06.2023	Übergabe Musikpavillon Hofgarten	Musikpavillon im Hofgarten Düsseldorf
24.06.2023	Abschlusspräsentation von 3 Choreografien zur „Palimpsest-Recherche" und Animation eines öffentlichen *Bal modern*	Musikpavillon im Hofgarten Düsseldorf
06.07.2023	Fortsetzung Tanzarchiv Recherche	Köln

RHEINISCH-WESTFÄLISCHE TÄNZE

Liste

Tanz	Herkunft	Web-Quelle
Empfehlungen	***djo-NRW***	
Kleiner Düsseldorfer 4/4	Rheinland	
Kleiner Ländler 3/4	NRW	https:// www.youtube.com/ watch?v=5D2hSoYaEn4
Lanzer 2/4	Norddeutschland / Rheinland	https:// www.youtube.com/ watch?v=FguV_lYMTsg
Maike 4/4	Westertal / Ostwestfalen	https:// www.youtube.com/ watch?v=5ujtykzMGU8
Neue Spindel 3/4	Düsseldorf	https:// www.youtube.com/ watch?v=UDYksdsrIxA
Sauerländer Quadrille Nr. 4 4/4	Neheim-Hüsten/ Sauerland	https:// www.youtube.com/ watch?v=p84uReLwXa0
Sauerländer Quadrille Nr. 5 4/4	Neheim-Hüsten/ Sauerland	https:// www.youtube.com/ watch?v=L-P_K23eaiA
Blaue Flagge 3/4	Jugendbewegung	https:// www.youtube.com/ watch?v=-G9IQzlMpAg
Kruzkönig 3/4 2 Tempi	Jugendbewegung	https:// www.youtube.com/ watch?v=9HQoSlo9_kw
Siebensprung A 4/4 G-Dur	Düsseldorf	https:// www.youtube.com/ watch?v=bjhCzPggqlA

Tanz	Herkunft	Web-Quelle
Siebensprung B 4/4 D-Dur	Düsseldorf	
Tanz	**Herkunft**	**Web-Quelle**
Recherche		
Hucketanz / Schweizermann	Rheinland / Westfalen	
Große Bunte / Tampet	Norddeutschland / Rheinland	https://www.youtube.com/watch?v=0EscQbN4cOQ
Reigen	Deutschland / Siegburg	
Langer Reihentanz	Westfalen	https://www.youtube.com/watch?v=yCNS42wJ3n0
Spazierwalzer	Lippe	
Tanz um die Lambertus-Pyramide	Brühl + Münsterland	
Herr Schmidt	Rheinland	
Drickes	Rheinland	
Möhnewibbel	Ahrweiler	https://www.youtube.com/watch?v=tHuiPWzt_zE
Maklott	Rheinland/Eifel	https://www.youtube.com/watch?v=HrtKrhfSIb8
Kranztanz	Rheinland	
Braut- und Ehrentanz	Rheinland / Bergisches Land	

weitere Tänze siehe:
https://www.dancilla.com/wiki/index.php?title=Kategorie:Nordrhein-Westfalen

TANZ

https://volkstanz.de

https://de.wikipedia.org/wiki/Volkstanz

https://www.dancilla.com/wiki/index.php/
Kategorie:Deutscher_Volkstanz

https://www.dancilla.com/wiki/index.php?
title=Kategorie:Nordrhein-Westfalen

https://www.dancilla.com/PDF/VolkstaenzeMitKette.pdf

https://www.vtg-bitburg.de

http://www.volkstanz-muenster.de/einige_tanze.html

http://www.der-froehliche-kreis.de

http://www.rag-tanz.de/tanzgruppen.html

https://www.deutsches-tanzarchiv.de/

https://volkstanz.de/

https://www.balfolk-koeln.de/

https://www.amazon.de/Pfeife-Sozialgeschichte-Volkstanz-
Volkstanzpflege-Deutschland/dp/3872040170

https://fraenger.net/

MUSIK

Dahlhoff-Archiv
http://tanzmusikarchiv.de/?s=dahlhoff
https://richmud.de/handschriften/tanzsammlung-dahlhoff.html

Volksliederarchiv
https://www.volksliederarchiv.de/tanzlieder/

Alojado Lieder-Archiv
https://www.lieder-archiv.de

**Modernes Tanz-Musikensemble
(mit internationaler Forschung)**
https://www.ensemble-rossi.de/
https://www.zpkm.uni-freiburg.de/sammlungen/
Deutsches_Volksliedarchiv
https://de.wikipedia.org/wiki/Tanzfest_der_DDR

Weitere Quellen:
https://ingeb.org/Volksong.html
https://wandervogel-ev.de/lied-tanz-musik/lieder-noten-a-z-alt.html
www.deutschfolkinitiative.de
www.profolk.de
https://folker.world
https://deutscheslied.com/
https://deutschtradshop.de/

VIDEOS

Russel Maliphant: *The Thread*

https://www.youtube.com/watch?v=86q8mErYFZo

La Horde: *Marry me in Bassiani*

https://www.youtube.com/watch?v=8MZhoS40gqY

«heute: volkstanzen»

https://vimeo.com/77504897

Theater der Klänge: *Dance Highways*

https://vimeo.com/manage/videos/753274957

Theater der Klänge: *Palimpsest*

https://vimeo.com/841660409/801b98088a

Bal Folk Köln

https://www.youtube.com/watch?v=NxsVAxlxe9M

Manta Menuet & Tacobell – *Folk My Life!*

Klangrauschtreffen 2022

https://www.youtube.com/watch?v=yuAsm0LhANQ&t=257s

WEITERE MATERIALIEN

Archiv der deutsche Jugendbewegung

https://www.burgludwigstein.de/forschen/publikationen-und-projekt/
weitere-publikationen

Kommission Alltagskulturforschung für Westfalen

https://www.alltagskultur.lwl.org/de/archiv/

https://www.lwl.org/medienarchiv_web/suchergebnis?page=2

TAZ Artikel zum Buch „Heimat: Geschichte eines Missverständnisses"
von Susanne Scharnowski
https://taz.de/Forscherin-ueber-umstrittenen-Begriff/!5642441/

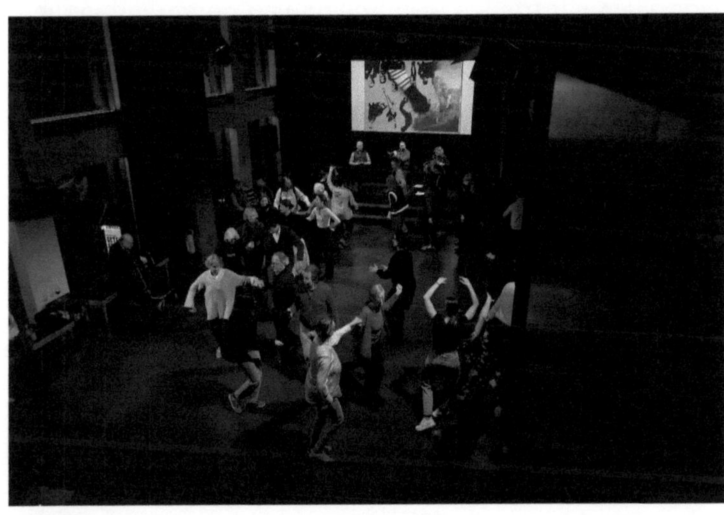

FRANZ-JOSEF KRAFELD (PROF. DR.)

Beruflich war ich Hochschullehrer im Bereich *Soziale Arbeit* in Bremen. Und zum Folktanz bin ich spätestens Mitte der 1970er (mit damals fast 30) gekommen, als im Rahmen der gesellschaftskritisch orientierten DeutschFolk-Welle auch einige versucht haben, das ausgelassen-vergnügte soziale Miteinander im früheren Volkstanzleben irgendwie „ins Heute" zu holen. Nicht als Traditionspflege. sondern als sozio-kulturelle Ressource, in der sich auch für das Leben in der heutigen Realität spannende Impulse finden ließen. Und für mich war das Faszinierendste daran, den gesellschaftskritischen Tenor jener Bewegung in einem veränderten Umgang miteinander auch tatsächlich konkret lebbar und erlebbar zu machen Damals übrigens auf der Basis von norddeutschen Tänzen. Diese klitzekleine Tanzbewegung, vor allem auf einigen Festivals, hielt sich leider nur einige wenige Jahre. Und wurde sehr schnell vollständig geschluckt von dem Streben vieler Organisationen und Vereine, ihrem Mitgliederschwund zu begegnen und dazu nicht zuletzt unterschiedliche freizeitsportliche Tanzübungsgruppen anzubieten (vor allem mit Tänzen vom Balkan und deren Verbindung mit tradierten deutschen tanzpädagogischen Vorstellungen von Gemeinschaftsbildung im Kreistanz.)
Wesentliche Kernelemente jener sehr kleinen Folktanzbewegung der mittleren 70er Jahre fand ich für mich dann seit 2009 im *BalFolk* wieder. – Zwischenzeitlich allerdings hatte ich intensiv versucht, wenigstens einiges von dem, was mich am Tanzen in der Folkbewegung so fasziniert hatte, mit eigenen Initiativen umzusetzen. Erstmals in der Friedensbewegung 1983 mit einer Tanzgruppe von Jugendlichen, die sich an Aktionen des zivilen Ungehorsams beteiligten und dabei tanzten, dann mehr als 25 Jahre mit einer selbstorganisierten Tanzgruppe in einem selbstverwalteten Kulturzentrum, das damals spannenderweise von Punks geprägt war. Und irgendwann zusätzlich 20 Jahre lang mit regelmäßigen

folkloristischen Tanzkonzerten in Kooperation mit einem anderen Freizeitzentrum. Und zusätzlich, als Nebenprodukt sozusagen, habe ich hobbymäßig zur Sozialgeschichte des Volkstanzes in Deutschland geforscht. Weil ich mich immer wieder unter dem Rechtfertigungsdruck fühlte, warum mich ausgerechnet Volkstanz oder Folktanz begeistere. Denn für mich war und ist das Entscheidende in meiner eigenen Begeisterung für Folktanz oder Volkstanz dessen soziale Seite: Ohne viel Worte intensiv miteinander in Kontakt zu kommen und sich zu entfalten, statt immer nur zu reden.

JÖRG U. LENSING (PROF.)

1960 in Düsseldorf geboren. Aufgewachsen im Düsseldorfer Süden als Sohn eines Handwerkers und einer Kartografin. 1975 Entdeckung der Kreativität mit seinem ersten Musiklehrer Frank Köllges (Schlagzeug). 80er Jahre Studium *Komposition/Elektronische Musik* an der Folkwang Hochschule Essen (Prof. Hufschmidt & Prof. Reith) und danach Meister-Schüler *Neues Musiktheater* (bei Mauricio Kagel – Musikhochschule Köln). 1987 Gründung des Düsseldorfer THEATERs DER KLÄNGE, dessen künstlerischer Leiter er bis heute ist. 1993 Theater-Dozent (1. internationale Bühnenklasse) am Bauhaus Dessau. Seit 1996 Professor für *Tongestaltung/Sounddesign* an der Fachhochschule Dortmund. Verheiratet mit der Tänzerin/Choreografin Jacqueline Fischer (2 gemeinsame Kinder).

MARKUS SCHRENK (PROF. DR.)

ist Professor für Theoretische Philosophie an der Heinrich-Heine-Universität in Düsseldorf. Seine Lehr- und Forschungsinteressen liegen in der Metaphysik, insbesondere der Metaphysik der (Natur-)Wissenschaften (Naturgesetze, Dispositionen, Kausalität, Modalität), der Wissenschaftstheorie und der Sprachphilosophie. Sein jüngstes Projekt befasst sich jedoch mit einem Thema der Kunstphilosophie: Was ist propriozeptive Kunst? Mit dem Public Philosophy Projekt *denXte* gewannen er und sein Team 2022 den höchstdotierten deutschen Preis für Wissenschaftskommunikation, den *Communicator-Preis der Deutschen Forschungsgemeinschaft* (DFG) und des Stifterverbandes. Markus Schrenk ist derzeit (zusammen mit Elke Brendel) Präsident der Gesellschaft für analytische Philosophie (GAP).

KATHARINA KLEINSCHMIDT (DR.)

ist Tanzwissenschaftlerin, Dramaturgin und Tänzerin. Ihre Promotion *Artistic Research als Wissensgefüge. Eine Praxeologie des Probens im zeitgenössischen Tanz* (2018) erhielt den Deutschen Tanzwissenschaftspreis NRW 2016. Vertretungsprofessuren an den Universitäten Hildesheim (SS 2020), LMU München (WS 2019/20) und der Hochschule für Musik und Tanz Köln (WS 2016/17 und SS 2017). 2017-2019 Postdoc im BMBF-Forschungsprojekt transform/ Universität Potsdam, 2010-2016 wissenschaftliche Mitarbeit an der HfMT Köln.

ELENA PHILIPP

studierte Theater-, Film und Literaturwissenschaft. Seit 2006 schreibt sie für Tageszeitungen und Fachmedien über Theater und Tanz. Seit 2017 ist sie *nachtkritik*-Redakteurin. Gemeinsam mit Susanne Burkhardt von *Deutschlandfunk Kultur* hostet sie seit 2018 den "Theaterpodcast". Elena Philipp ist Mitglied verschiedener Jurys und unterrichtet derzeit an der Freien Universität Berlin.

GISELA FISCHER

Ich wurde 1975 geboren. Weil ich von jiddischer Musik begeistert war, lernte ich Geige. Lange war ich enttäuscht, weil im Unterricht das (für mich) "richtige" Spielen gar nicht vorkam. Mit 12 Jahren lernte ich auf dem Musikfestival in Lissberg die Drehleier und *BalFolk* tanzen kennen. Die Einheit von Musik und Tanz zog mich sofort in ihren Bann und ließ mich nicht mehr los. Ich spielte Tanzmusik mit verschiedenen Musikgruppen, fuhr kreuz und quer durch Deutschland zu Festivals, Sessions und Bällen, und verbrachte die Sommerurlaube auf französischen Folkfestivals. Mein jetziger Mann und ich gründeten als Duo "Helix" 2007 den Vaalser *Bal Folk*. Seit unserem Umzug nach Wetter an der Ruhr war mit Kindern und Beruf das Reisen nicht mehr möglich. Dafür habe ich nun ein Dorf, als Experimentierfeld und als Realitätstest. Über mein Interesse an Plattdeutscher Sprache habe ich die oben beschriebene Kontakte gefunden. Durch regelmäßiges Volkslied-Singen mit und ohne Instrumente etabliert sich ganz langsam eine lebendige, integrative, ortsständige Musikkultur. Die Schnittmenge von Instrumentalisten, Sängern und Tänzern vergrößert sich. Meine Lebenskreise fangen an, sich zu schließen. Ab März 2024 gestaltet *Kaukenhärt* den Musikkurs zum *Bal Folk* in der *Färberei* in Wuppertal.

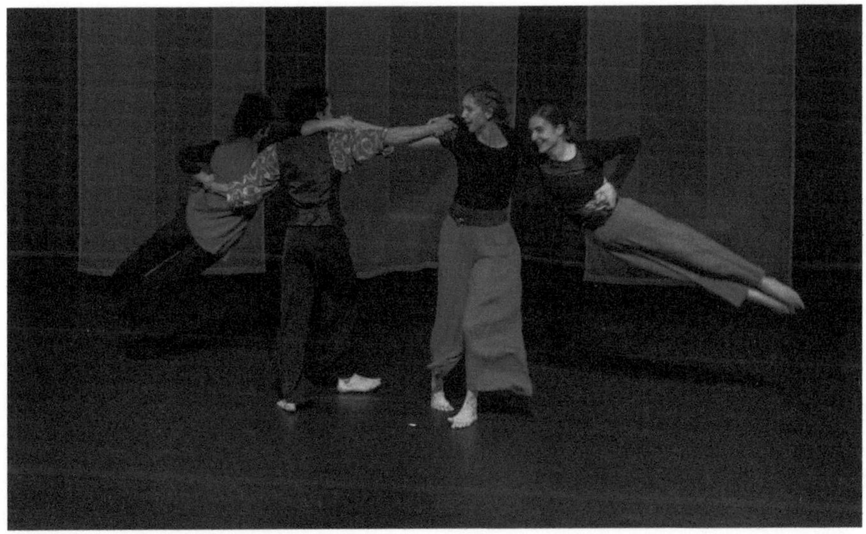

FOTONACHWEIS

S. 03 Bernadette Grüne-Glattki

S. 07 Scan der Original-Noten der Melodie „Rode See" aus der Dahlhoff-Sammlung (Quelle: Wikipedia Commons)

S. 17 Scan einer Kinetographie (Albrecht Knust)

S. 23 West-Land-Tänze im FFT-Düsseldorf (Januar 2024) - Fotograf: Johann Lensing

S. 31 West-Land-Tänze im FFT-Düsseldorf (Januar 2024) - Fotograf: Michael Zerban (*O-Ton*)

S. 37: *Bal Folk* im Düsseldorfer Hofgarten (Juni 2023) -
Fotograf: Michael Zerban (*O-Ton*)

S. 39 West-Land-Tänze im FFT-Düsseldorf (Januar 2024) - Fotograf: Johann Lensing

S. 41: Adobe Stock

S. 47 *Bal Modern* im FFT-Düsseldorf (Januar 2024) -
Fotograf: Michael Zerban (*O-Ton*)

S. 53 West-Land-Tänze im FFT-Düsseldorf (Januar 2024) - Fotograf: Johann Lensing

S. 69 *Bal Modern* im FFT-Düsseldorf (Januar 2024) -
Fotograf: Michael Zerban (*O-Ton*)

S. 73 + 75 West-Land-Tänze im FFT-Düsseldorf (Januar 2024) - Fotograf: Johann Lensing

S. 77 Plakatmotiv zu West-Land-Tänze - Fotograf: Johann Lensing

S. 87 Filmstills aus „**bauhausbühne**" und „**Palimpsest**"

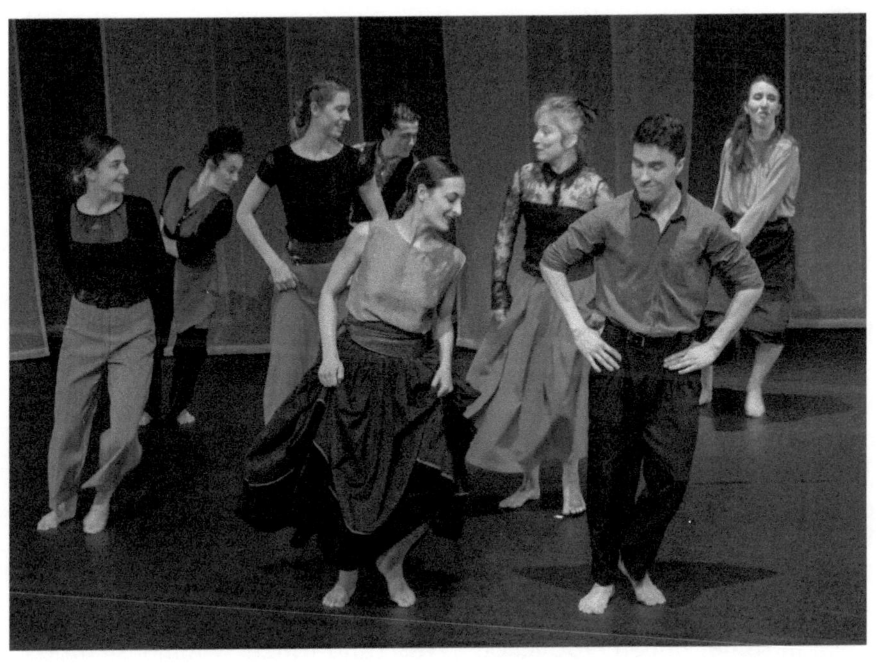

THEATER DER KLÄNGE

Das Theater der Klänge aus Düsseldorf ist ein freies Musik- und Tanztheater-Ensemble, welches 1987 in Düsseldorf gegründet wurde und seitdem jährlich eine neue Bühnenproduktion kreiert. Schwerpunkt der Arbeit des Ensembles ist die Entwicklung neuer Ansätze mehrmedialer und interdisziplinärer Bühnenformen.

Grundlage der Stücke ist oftmals die Auseinandersetzung und Weiterführung des kulturellen Erbes und tradierter Tanz- und Theaterformen. Das Theater der Klänge hat sich in vielen seiner Inszenierungen dem Erbe des Bauhauses gewidmet. Aus dem wenig vorhandenen Material (Fotos, Zeichnungen, kurze Beschreibungen) wurden so mehrere neue abendfüllende Bühnenprogramme entwickelt. Gegenstand anderer Produktionen waren beispielsweise Theaterformen des Barocks, der mittelalterlichen Mysterienspiele oder der antiken Komödie. In der Moderne interessierten neben dem Bauhaus die Themen des Piscator-Theaters oder der 20er Jahre Revue, ebenso wie die Theorien des Architekten Le Corbusier.

Auch in seiner neuen Produktion „West-Land-Tänze" widmet sich das Ensemble erneut einem Strang des kulturellen und fast vergessenen Erbes.

Das *Theater der Klänge* betreibt sein künstlerisches Betriebsbüro, seine Werkstätten sowie sein Probenstudio seit 1991 in Düsseldorf-Pempelfort. Es wird kontinuierlich durch das Kulturamt der Landeshauptstadt Düsseldorf sowie durch das Ministerium für Kultur und Wissenschaft des Landes Nordrhein-Westfalen gefördert.

Die Produktion „West-Land-Tänze" wird gefördert durch das
Kulturamt der Stadt Düsseldorf, das Ministerium für Kultur und
Wissenschaft des Landes NRW, die Kunst- und Kulturstiftung der
Stadtsparkasse Düsseldorf, die Kultur- und Sozialstiftung der
Provinzial Rheinland, die Stiftung van Meeteren und unseren
Förderverein „Klangtheater e.V.".

Die Recherchephase im Frühjahr 2023 (Palimpsest) wurde gefördert
vom Fonds Darstellende Künste aus Mitteln der Beauftragten der
Bundesregierung für Kultur und Medien im Rahmen von NEUSTART
KULTUR.

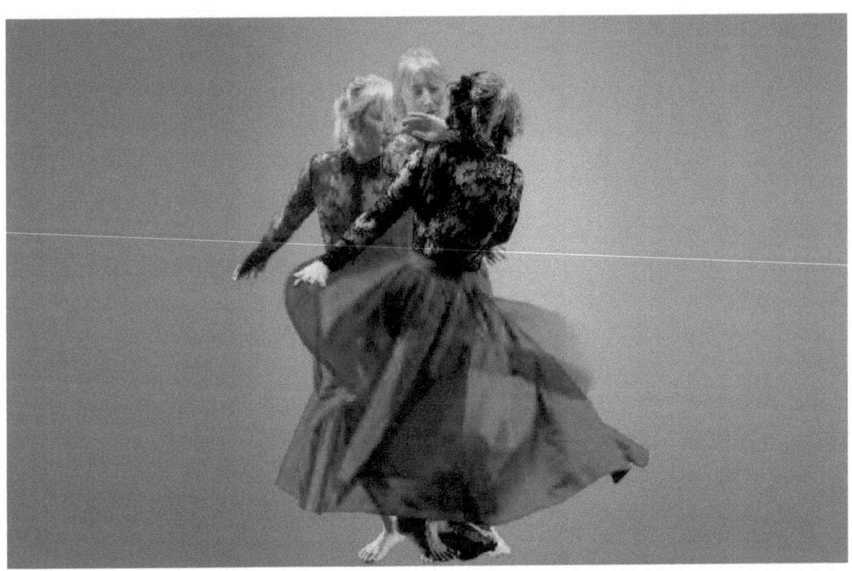

WEST-LAND-TÄNZE

Premiere

Donnerstag, 11. Januar 2024 um 20 Uhr im FFT Düsseldorf
Konrad-Adenauer-Platz 1 – 40210 Düsseldorf

Weitere Aufführungen im FFT
Samstag, 13. Januar 2024 – 20 Uhr
Sonntag, 14. Januar 2024 – 17 Uhr

Volkstänze und Volksmusik geraten immer mehr in Vergessenheit.
Auch in Westfalen und im RheinLand gab es einst viele Tänze und
Lieder.

In *West-Land-Tänze* begibt sich das Düsseldorfer THEATER DER
KLÄNGE auf eine Entdeckungsreise in dieses mittlerweile fast
vergessene Kulturerbe.

In einem Bühnentanzstück lässt das Ensemble das historische
Material aufleben - und verknüpft und erweitert es mit aktueller
Musik und zeitgenössischem Tanz. So deckt es Zusammenhänge
zwischen Identität, Integration, Vergangenheit und
Geschichtsvergessenheit auf und wirft einen kritisch-neugierigen Blick
auf das Brauchtum und seine Historie. Und weil Tanzen eine Frage
von Gemeinschaft ist, ist auch das Publikum eingeladen, im zweiten
Teil des Abends beim „Bal modern" die Hüften schwingen zu
lassen.

Das Düsseldorfer THEATER DER KLÄNGE – schon immer kreativ an
Fragen des kulturellen Erbes interessiert – möchte mit der
Tanzproduktion West-Land-Tänze, aber auch mit begleitenden
Aktionen wie der Veröffentlichung eines E-Books und den „Bal
modern"-Veranstaltungen im Anschluss an die Aufführungen einen
aktuellen Beitrag zur Beschäftigung mit diesem kulturellen Erben
leisten.

Künstlerische Leitung / Szenografie / Texte: J.U. Lensing

Choreografie: Jacqueline Fischer
(in Zusammenarbeit mit dem Ensemble)
zeitweise Assistenzen: Sara Pena Cagigas & Darwin Diaz

Musik: J.U. Lensing, Jens Barabasch, Christiane Meis
(auf der Grundlage überlieferter Tanzmelodien)

Kostüme: Caterina Di Fiore

Lichtdesign: Markus Schramma

Produktionsleitung: J.U. Lensing
Künstlerisches Betriebsbüro: Julia Roth

**Drucksachengestaltung & Design der Siebdruckvorlage
für das Bühnenbild**: Ernst Merheim

Fotos: Johann Lensing

Tänzerinnen und Tänzer: Miriam Arnold, William Lundberg,
Francesca Merolla, Julia Monschau, Christian Paul, Lara Pilloni,
Mariane Verbecq, Linda Withelm
Gasttänzer: Frederik Brune

Elektronik + Percussion: J.U. Lensing
Holzblasinstrumente: Jens Barabasch
Akkordeon: Christiane Meis

Dank geht an Yakov Braz (FH-Dortmund) für den Siebdruck für das
Bühnenbild und an Marie Althöfer für die Restaurierung des Bildes
„Bäuerlicher Tanz" (1636/1640) von Peter Paul Rubens.

Dank geht an das Ehepaar Brendel, Bernadette Grüne-Glattki und
Petra Halbekann für die Volkstanz-Workshoptage in unserem
Probenstudio.

REZENSIONEN

THEATER DER KLÄNGE - DER KLEINE DÜSSELDORFER UND DIE SPINDEL

Düsseldorf · **Das Theater der Klänge hat sich auf Spurensuche nach einem Kulturgut begeben: Mit „West-Land-Tänze" bringt es alte Volkstänze aus der Region auf die Bühne und feierte nun eine gelungene Premiere im FFT.**

12.01.2024

Kleiner Düsseldorfer, Siebensprung, Spindel oder Herr Schmidt – so heißen Volkstänze, die einst in der Landeshauptstadt Teil vieler Feste waren. Heute kennt sie kaum jemand. Das Theater der Klänge hat es sich auf die Fahne geschrieben, diesen Kulturschatz zu heben und wieder auf die Bühne zu bringen.

Am Donnerstagabend feierte das Künstlerkollektiv mit der Produktion „West-Land-Tänze" im FFT eine gelungene Premiere und beließ es nicht dabei, die Tänze nur aufzuführen. Das Publikum war nach der Vorstellung eingeladen, mit dem Ensemble gemeinsam beim „Bal modern" selbst mit zu tanzen und die Hüften ordentlich kreisen zu lassen.

Am Anfang stand für Regisseur und Szenorgraf J. U. Lensing die Recherche. Er wollte dafür nicht in die Ferne schweifen müssen. Schließlich sollte sich seine Arbeit auf Volkstänze konzentrieren, die praktisch vor der Haustür zu finden sein müssten. Der Düsseldorfer nahm Kontakt zu einer Expertin für Lokalkultur und zum Heimatverein auf. Sein Plan war, „das Vorhandene zu erlernen, es sich durch Gebrauch weiterentwickeln zu lassen und dadurch wieder die Möglichkeit einer breit aufgestellten, grundlegenden lokalen Musikkommunikation zu schaffen", fasst J. U. Lensing seine Motivation zusammen. Die Franzosen hatten es in den 1970er Jahren erfolgreich vorgemacht.

Tanz wirkt bekanntlich identitätsstiftend und fördert das
Gemeinschaftsgefühl. So überrascht es nicht, dass diese beiden Aspekte
bei der Premiere im FFT von den Künstlern offen angesprochen wurden.
„Wer seine Kultur verliert, verliert sich selbst. Moderne Zivilisationen
haben ihre Identität zu einem Handelsgut degradiert", sagt einer der
Tänzer und bedauert, dass er keinen einzigen Volkstanz und keine
Volkslieder aus der Gegend kennt, in der er aufgewachsen ist.

Ganz anders sei das beispielsweise bei vielen Griechen oder Türken. Auf
ihren Festen würden oft ganz selbstverständlich traditionelle Tänze
zelebriert. „Wer die Schritte nicht kennt, schaut sie sich einfach ab", stellte
das Ensemblemitglied im FFT fest und fügte noch ein weiteres wichtiges
Element hinzu: Bei diesen Tänzen fassen sich die Menschen an. Sie legen
ihren Arm auf die Schuler der anderen oder um deren Hüfte. Berührungen
und Nähe sind bei Volkstänzen unvermeidlich und gehören einfach dazu.
Tanz wird so auch zu einem kollektiven Erlebnis. „Allein zu tanzen,
macht einsam", stellte eine der Tänzerinnen fest.

So bewegte sich auch das Theater der Klänge immer mindestens als Paar
über die Bühne. Mal hielten sie sich an den Händen, drehten sich dabei im
Kreis, mal traten sie zueinander in den Dialog, folgten wie ein Zwilling
den Bewegungen ihres Gegenübers. Damit verband das Ensemble das
Traditionelle mit modernen Elementen so spielerisch und leicht, dass es
wie die natürliche Weiterentwicklung wirkte.

Der Abend begann lautlos. War nur Bewegung ohne Musik. Erst nach
einer Weile gesellte sich Rhythmus zur Aufführung. Der kam zwar vom
Band, dafür griff Christiane Meis live ebenso in die Tasten ihres
Akkordeons, Jens Barabasch steuerte die Flötenklänge bei.

Anfang Januar 2023 hatte sich J. U. Lensing an seinen Schreibtisch
gesetzt, um Listen zu erstellen für die neue Produktion. Eine Woche später
suchte er die Tänzer und Musiker aus. Der Februar war geprägt von
weiterer Recherche. Lensing durchstöberte das Internet nach
Volkstanzgruppen, wälzte Bücher, nahm an Heimatlieder-Workshops in
der Tonhalle teil und hörte sich durch unzählige Tonträger. Im März 2023
wurden erste Ideen für das Bühnenbild durchgespielt. Im Mai begannen
die Proben mit den Musikern, zu denen sich noch Julian de Vries gesellte,
der für die elektronischen Sounds zuständig war. Im Juni und Juli standen
Besuche des Tanzarchivs Köln an.

Nach und nach nahm im Verlauf der zweiten Jahreshälfte dann „West-Land-Tänze" Gestalt an. Die Tänzerinnen und Tänzer brachten eigene Ideen ein, die von Choreografin Jacqueline Fischer und Regisseur J. U. Lensing aufgegriffen wurden.

Das Ergebnis ist eine mitreißende Performance, die allein aufgrund ihrer Melodien Ohrwurmpotenzial hat. Denn auch das ist ein Teil dieses gehobenen Kulturschatzes. So kompliziert manche Schritt- und Bewegungsfolgen bei den Volkstänzen auch sein mögen, sie folgen oft einer einfachen, eingängigen Melodie.

Zum Beweis, durfte das Publikum für die Zugabe gemeinsam mit dem Theater der Klänge eine Coda anstimmen, zu der die Künstler noch einmal tanzten. Die Coda ist eine thematische Episode, die noch einmal die Charakterzüge eines Werkes zusammenfasst.

Zum Premierenabend gehörte nach der Vorstellung noch ein „Bal modern". Dabei hatte das Publikum Gelegenheit selbst einmal auszuprobieren, wie Tanz zum identitätsstiftenden Gemeinschaftserlebnis werden kann. Denn das Ensemble mischte sich im Foyer des FFT unter die Besucher, um mit ihnen zusammen zu tanzen.

Claudia Hötzendorfer (Rheinische Post vom 12.1.2024)

VON MAIKE ZUM KLEINEN DÜSSELDORFER

Ach, wie schön, denk ich an *Palimpsest*! So lautete der Titel einer *work-in-progress*-Aufführung des Theaters der Klänge im Düsseldorfer Hofgarten voreinem halben Jahr. O-Ton berichtete. Temperaturen über 30 Grad im Schatten, eine grandiose Stimmung und das Publikum tanzte begeistert mit. Wunderbar.

Nun schleicht das Publikum sich in den Abendstunden dick vermummt durch eisige Kälte in das Forum Freies Theater am Hauptbahnhof, um die damals versprochene Uraufführung von *West-Land-Tänze* zu erleben. Es sind erstaunlich viele Menschen, die sich für ein längst verlorengeglaubtes Thema interessieren. Jörg Udo Lensing und sein Team beschäftigen sich seit geraumer Zeit mit Volkstänzen und Volksmusik aus dem Raum Westfalen und dem Rheinland. Die Recherche-Ergebnisse hat Lensing in einem E-Book zusammengestellt. Auf der praktischen Ebene ist daraus ein Tanzabend entstanden, derbewusst die Verknüpfung von Vergangenheit und Gegenwart unter vielen Aspekten sucht.

In der Bildmitte: Jacqueline Fischer – Foto © O-Ton

Im Hintergrund der leeren Bühne sind transparente Vorhänge in Schichten aufgehängt. Links ist die „Musikecke"aufgebaut. Hier finden Lensing am Mischpult, Jens Barabasch an der Flöte und Christiane Meis mit ihrem Akkordeon Platz. Rechts sind ein paar Stühle aufgestellt. Wimpelbänder, wie man sie von Festplätzen kennt, sind beidseits oberhalb der Tribüne bis zum Hintergrund der Bühne aufgehängt. Mit zwei Leinen, also minimalen Mitteln, wird hier subtil Stimmung hergestellt. Das ist großartig.

Mindestens so eindrucksvoll, wie auf allen Ebenen die verschiedenen Zeiten miteinander verwoben werden. Beginnend mit der Musik, bei der das Trio überlieferte Melodien – vermutlich aus Zeiten,als das Wort Melodei noch ganz alltäglich klang – zu elektronischen Klängen mischt. Caterina di Fiore hat die Tänzer in Kostüme gekleidet, bei denen schwingende Röcke an historische Tanzböden erinnern, während Frauen sich in Hosen durch die Gegenwart bewegen.

Jacqueline Fischer hat mit dem Ensemble aus neun Tänzern eine eindrucksvolle und mitreißende Choreografie zusammengestellt. Da darf Laura Pilloni eingangs im langen Rock höfische Schrittfolgen zeigen, die von Miriam Arnold, William Lundberg, Francesca Merolla, Julia Monschau, Christian Paul, Mariane Verbecq, Linda Wilhelm und Frederik Brune zunächst verhalten hinter den Vorhängen beobachtet werden, ehe die Schar sich über die Bühne ergießt. Da werden wechselweise Gruppentänze angedeutet, trennen sich die Tänzer in parallel laufende Szenen oder finden auch schon malsehr moderne Hebungen im Zentrum statt. Zwischendurch vertanzt Paul einen Text, den er selbst spricht. Allein der Text ist so schön, dass die etwas gekünstelt wirkenden Bewegungen schon fast redundant wirken. Beginnend mit einem Goethe-Zitat kommt er zu der Frage, was eigentlich Heimat ist, was die Tänze der Heimat ausmachen. Beat, Disco, Techno oder HipHop vermögen vielleicht noch, ein Zusammengehörigkeitsgefühl hervorzurufen, identitätsstiftend sind sie sicher nicht. Wie beispielsweise ein Tanz namens Maike oder der so genannte Kleine Düsseldorfer, Tänze, die über Generationen mit den Füßen, Händen und Schultern überliefert wurden. So wie es eben in anderen Ländern heutzutage durchaus noch üblich ist. Da kommt ein bisschen Wehmut auf, wenn man ihm so zuhört. Aber um Sirtaki geht es nicht, betont Paul gleich, um das Publikum nicht mit touristischer Folklore einzulullen. Aber was tanzen wir?

Mit dieser Frage und einer Änderung des Goethe-Zitats schließt Paul, um den Tänzern wieder Platz zu lassen für ihre Vorstellungen, was „Volkstanz" gestern und heute sein könnte. Eines, das weiß man nach diesem Abend, ist er sicher:ausgelassen, fröhlich und sorgenfrei. Der Abend lädt ein zu küchenphilosophischen Überlegungen. Was macht der Tanz mitden Tänzern, mit ihren Partnern, mit dem Gegenüber? Man darf die Gedanken schweifen lassen, die Tänzer geben mit ihrer Körperlichkeit Schützenhilfe. Und nach einer verflogenen Stunde ist Schluss mit Assoziationen und Vorstellungen.

Dann heißt es, eigene Erfahrungen zu sammeln. Ermutigt von den Erfahrungen im vergangenen Juni, lädt Lensing das Publikum nach der Pause ins Foyer ein, um dort selbst die Wirkung des gemeinsamen Tanzes auszuprobieren. Denjenigen, die es lieber beim Zuschauen belassen, wird schnell schwindlig werden, ob der Geschwindigkeit, die sich nun auf dem Tanzboden entwickelt. Drei Gruppen finden sich da. Eine kleine Truppe volkstanzaffiner Tänzer, die Tänzer der Kompagnie, die vor allem helfen, Berührungsängste abzubauen, und die gänzlich unerfahrenen Tanzwilligen aus dem Publikum. Fischer bringt der Meute die *Chapelloise*, einen Tanz aus der Renaissance, in atemberaubendem Tempo bei. Das ist wie ein Zeitraffer der eigenen Tanzschul-Erfahrungen, nur die Spiegelwand fehlt, die in der Pubertät so wichtig war.

Es sind einfache Schritte, behauptete sicher ein Tanzschullehrer, der aber genau weiß, dass Schritte für Tanzanfänger erst mal böhmische Dörfer sind. Fischer lässt sich davon nicht beirren. Während Lensing, Barabasch und Meis auf der Bühne hin und wieder passende Musik zuspielen, leitet die Choreografin energisch, aber nie ungeduldig an, sorgt gleich mit Humor dafür, dass hier niemand etwas allzu ernst nimmt oder gar Übereifer entwickelt. Und so verlassen die inzwischen Tanzwütigen nicht etwa die Tanzfläche, als Fischer den zweiten zu erlernenden Tanz, den von ihr selbst entwickelten *Branka*, ankündigt, sondern erwarten vielmehr gespannt die nächsten Anweisungen.
Selten dürften Besucher eine Aufführung des zeitgenössischen Tanzes mit so viel Glückshormonen verlassen haben wie an diesem Abend. Und auch wenn die Tanzschulen in Deutschland, die dem ADTV angeschlossen sind, mittlerweile durchaus kritikwürdige Wege gehen und schon gar nicht das Erlernen längst vergessener Volkstänze anbieten, lohnt es sich für jeden, einmal über den Besuch eines Tanzkurses nachzudenken.
Wer sich das wunderbare Schauspiel, das das Theater der Klänge an diesem Abend inklusive eigener Körperertüchtigung präsentiert, noch einmal anschauen möchte, hat dazu am kommenden Samstag und Sonntag Gelegenheit. Unbedingt empfehlenswert.

Michael S. Zerban (O-Ton, 12.1.2024)

PALIMPSEST-VIDEO
Tanz- und Musikerbe (Dokumentarfilm)

Die Stadt Düsseldorf unterstützte uns 2022 zu einem Projekt mit dem
Titel „Die Kunst der Zeitgenossen verstehen". Geplant wurden dazu
vier Workshops im Sprintformat (jeweils vier Tage), an deren Ende
jeweils eine öffentliche Präsentation in unserem Probenstudio als
Salon-Veranstaltung unter dem Titel „Meet the Artist" stattfand. Im
Oktober 2022 hatten wir dazu den französischen Choreografen
Pedro Pauwels und im Dezember 2022 den Theatermusiker Jean-
Jacques Lemêtre (vom *Théâtre du Soleil*) zu Gast in Düsseldorf. Im
Februar 2023 beendeten wir die Workshop-Serie mit drei jeweils
zweitägigen Workshops zu unseren Bauhaus-Tänzen und einem
viertägigen Dance-Sprint zum Thema Volkstanz. Alle Workshops
wurden durch ein studentisches Filmteam aus dem Studiengang
„Film&Sound" der FH-Dortmund aufgezeichnet. Im Anschluss wurden
zu den zwei Workshops von Pedro Pauwels und Jean-Jacques
Lemêtre in von mir geleiteten Seminaren in der FH-Dortmund zwei
Dokumentarfilme erarbeitet:

- **Danse radicale** - Der Tänzer und Choreograph Pedro Pauwels
- **SunDog** - der Theatermusiker Jean-Jacques Lemêtre

Parallel dazu konnte Josephine Lensing im Rahmen eines Praktikums
bei *Take it Media* Düsseldorf aus dem Material des Bauhaus-
Workshops den Dokumentarfilm „bauhaustänze - Originale,
Aneignungen, Weiterführungen" editieren und der FH-Student Till
Bellinghausen aus dem Material des Volkstanzworkshops den Film
„Palimpsest - Tanz- und Musikerbe" montieren. Diese beiden Filme
wurden durch die Unterstützung des *Fonds Darstellende Künste* und
aus Mitteln des EU-Projekts *VIRAL VISIONS* ermöglicht. Alle vier
Filme wurden im Rahmen von Teampremieren im November 2023 in
der *Filmwerkstatt Düsseldorf* uraufgeführt.

Die beiden letztgenannten Filme sind online abrufbar unter:
www.viral-visions.eu

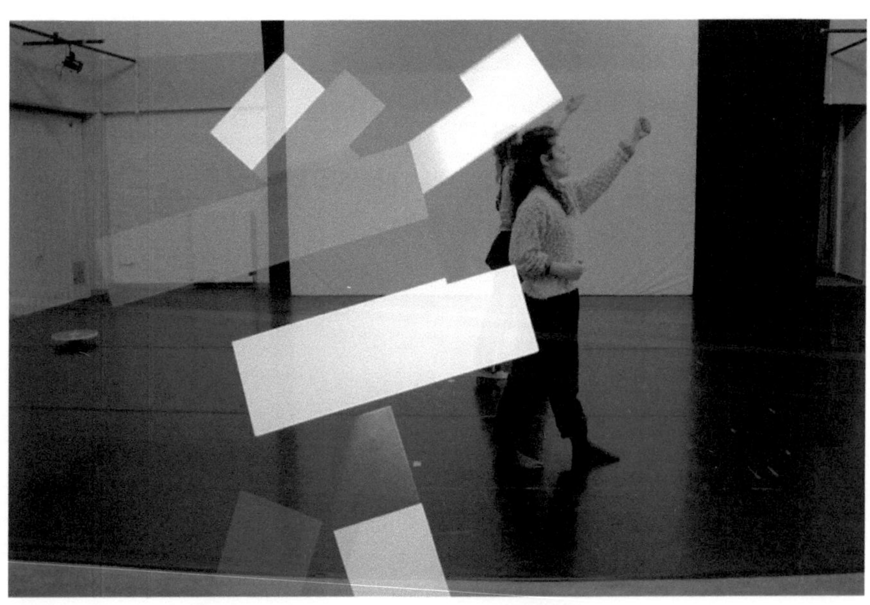

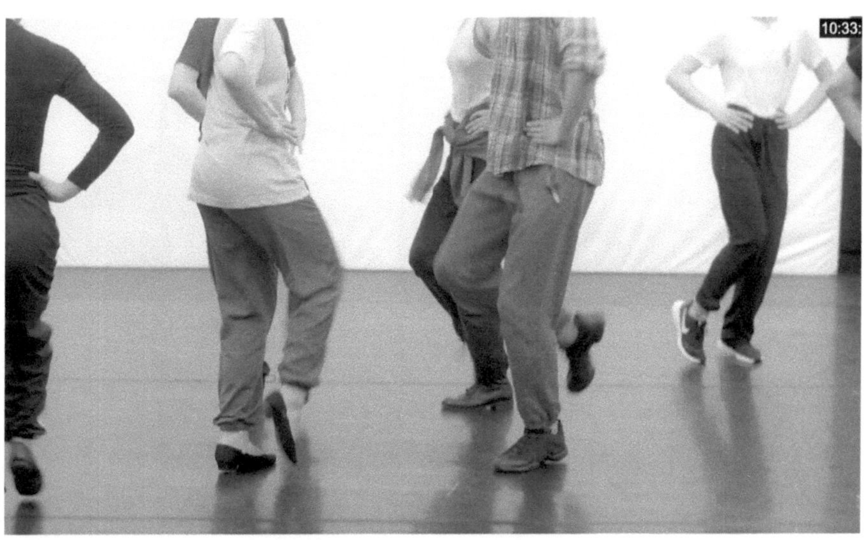
10:33: